このひと技でプロの味

「料理のすごテク」

料理の達人倶楽部
編著

ロング新書

第1章 ご飯・パンの裏ワザ

おいしいご飯を食べるコツ……10
古米をおいしく食べるコツ……16
お米の上手な保存法……17
おにぎり……19
炊き込みご飯（豆ご飯編）……19
炊き込みご飯……22
寿司ご飯……23
いなり寿司……24
チャーハンのコツ……26
ドライカレーのコツ……29
ハヤシライス……29
オムライス……30
あんかけ丼のコツ……31
親子丼……32

パン……33
サンドイッチ……35

第2章 麺類・パスタ料理の裏ワザ

パスタをおいしくゆでるワザ……38
ソースの味をアップさせるワザ……39
昆布茶でパスタの味をアップ……42
食べるラー油を使ったパスタ……44
残ったパスタを変身させる……45
うどんをおいしくする裏ワザ……46
うどんのだしをラクにつくるワザ……47
焼きそばをおいしくつくるワザ……48

第3章 調味料、だし、ソースの裏ワザ

調味料のコツ……52

人気のハチミツ味噌を手づくりする……57
自分でつくる万能調味料……59
タレ・ソースのコツ……64
だしのコツ……67
味噌汁のコツ……70
スープのコツ……76
ドレッシングのコツ……80

第4章 缶詰・レトルト食品・冷凍食品の裏ワザ

缶詰のコツ……88
インスタント食品・レトルト食品のコツ……97
冷凍食品のコツ……104

第5章 デザート・おやつの裏ワザ

フルーツの選び方と保存の知恵……114
おいしいフルーツの選び方……114

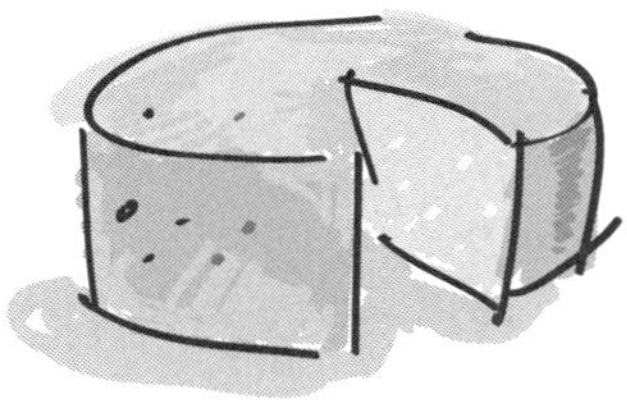

フルーツジュースのアイデアレシピ……118
フルーツの賢い裏ワザ……120
自家製ジャムをつくる……121
野菜スイーツがおいしい……123
市販の素材を上手に使った簡単裏ワザ……127
知ってなるほど、お菓子づくりの冴えワザ……132

第6章 キッチン用具の賢い裏ワザ

キッチングッズの徹底活用編……136
キッチンペーパー……136
オーブンシート……138
アルミホイル……139
ラップ……141
キッチンばさみ……143
ピーラー……145

カトラリー（フォーク・ナイフ・スプーン類）……146
菜箸……147
鍋……148
フライパン……151
魚焼きグリル……153
炊飯器でつくる美味裏ワザ……155
スープジャー……158
電子レンジ……159
オーブントースター……167
ポリ袋……168
リサイクルでエコ活用編……170
牛乳パック……170
ペットボトル……172
キッチングッズのお手入れ編……174
まな板……174
包丁・キッチンばさみ……175

鍋の手入れ……177
フライパンの手入れ……180
ヤカンの汚れ落とし……182
魚焼きグリルのお掃除……183
電子レンジのお手入れ……185
食器洗いの裏ワザ……186

第1章◎ご飯・パンの裏ワザ

おいしいご飯を食べるコツ

●お米は精米後2週間で食べきるのが理想的

お米にも賞味期限があるのを知っていただろうか？ お米は意外に暑さに弱く、おいしさMAXで食べられる期間は短い。袋に賞味期限は書かれていないが、その代わり、必ず精米年月日が記載されている。ホントに本当においしいご飯を食べようと思うなら、精米後およそ2週間で食べきるのが理想だ。そのためにはできるだけまとめ買いせず、こまめに買ったほうがいい。食べきれなかったお米は、冷蔵庫に入れておくと長持ちする。

保存方法にも左右されるが、秋から冬は精米年月日より1～2カ月、春以降は1カ月、夏はやはり2週間ほどで食べきるのが目安。

●炊飯前に微量の酢を加えて甘みアップ

微量の酢を加えて炊くと、不思議なことに甘み成分が増える。米2合に対して酢1ccの割合で加え、その後、冷蔵庫で16時間置いてから、普段どおりに炊飯器で炊く。

お米の成分であるでんぷん質は、酵素の働きでブドウ糖やグルコースに変化することでおいしくなるのだが、この酵素は弱酸性の状態でより活性化することが証明されている。防腐効果もあるため、ご飯が腐りにくくなり、夏のお弁当用にも重宝だ。

もちろん、炊きあがったご飯に酢のにおいはしない。ただし、酢の分量を間違えると炊飯器に悪影響が出ることもあるので、量はきちんと守ること。

●冷めてもおいしい寒天入りご飯

お米を炊くときに備長炭を入れるのは有名だが、寒天を少量加えてもおいしく炊ける。お米1合に対して粉末寒天1グラムが適量だが、寒天の量はお好みで変えてもいい。

寒天に含まれるミネラルなどがカルシウムの吸収を促し、体内の脂肪や腸の老廃物を外に出す働きもある。加えて食物繊維が血糖値の上昇を抑えて、便秘の解消にもつながるという、超健康レシピ。

寒天入りご飯はつやがあって食感はモチモチ。炊きたてはもちろん、冷めてもおいしいのでおにぎりにも最適。古米のおいしさアップにも効果がある優れワザだ。

●炊きあがりに差が出るみりんの隠しワザ

イマイチ甘みが足りないと感じたら、みりんを足して炊いてみる。米2合に対してみりん大さじ1の分量で。これだけで、炊きあがりの味がグンと違ってくる。

●大根のおろし汁で玄米ふっくら達人ワザ

噛めば噛むほど味が出る自然食品の玄米。白米のようにしっかりとぐ必要はないけれど、玄米の表皮はかたくて水が通りにくいため、できればひと晩水に浸けるほうがベスト。でも、じつはもっと短い浸水時間でふっくら炊きあがる、達人ワザがある。それは大根おろしの汁に浸けること。

おろし汁を同量の水で薄め、洗った玄米を2時間漬けておく。そのあとはおろし汁を洗い流して、適量の水を入れて普通に炊き上げる。

さまざまな調理の下ごしらえに活躍する大根おろしの万能パワー、恐るべし！

●ヨーグルトを入れて玄米ご飯を食べやすく

ビタミン・ミネラル・食物繊維などが豊富な玄米が、体にいいことはわかっている。でも、独特の香りと噛みごたえがイヤという人も多いはず。

白米好きでも食べられるおすすめの裏ワザが、プレーンヨーグルトを入れること。割合は、玄米3合に対して大さじ1～2ぐらい。といだあとにヨーグルトと塩少々を混ぜて、1時間以上水を吸わせる。そのあとは普通に炊飯器で炊くだけ。

乳酸菌の働きが、玄米の硬さを柔らげて食べやすくする。

●鍋やフライパンで上手に炊く

昔の人は、ご飯の火加減を〝はじめチョロチョロ、なかパッパ〟といったけれど、炊飯器や土鍋じゃなくたって、火加減と時間調整さえ気をつければ、普通の鍋でも十分おいしく炊ける。

コツは、点火から沸騰までの時間10分を守ること。火が通りやすいアルミやステンレスなどの鍋を使うときは、温度が急激に上がり過ぎないように、中弱火で加熱する。沸騰したら弱火にして水分がなくならないように気をつけながら15分加熱する。その後、火を消して10～15分蒸らせば、炊きあがり。

フライパンでも、同様に十分おいしく炊くことができる。

●ふっくらご飯の秘訣は、しゃもじで切るように天地返しでほぐす

ふっくらご飯にするコツは、炊き上がったあとすぐにほぐして、それから蒸らすこと。ご飯の上下をひっくり返すように天地返しをして、余分な水分（蒸気）を飛ばしてあげるのだ。

炊飯したままの状態にしておくと、残った蒸気のせいでご飯がベタベタ水っぽく固まってしまう。米粒がつぶれないようにしゃもじで切るようにほぐせば、米粒のあいだに空気が入って、よりふっくらとした食感になる。このとき、力を入れて混ぜ過ぎると粘りが出てしまい、台なしになる。

●時間が経ってもご飯が固くならない裏ワザ

炊飯器の釜のまわりは乾燥しやすいので、側面から離して、真ん中に寄せてこんもりさ

せておくのがコツ。ペーパータオルを濡らしてかけておくのも一案（昔の人は、おひつに移したあと、ぬれふきんをかぶせていた）。

でも、今なら残りご飯をアツアツのまま、1人前ずつラップに包んで冷凍するのが一番だ。

●芯のある失敗ご飯も、日本酒でふっくら

水分量を間違えてご飯に芯が残ってしまった！　炊飯器でもありがちな失敗。こんなミスを帳消しにするワザは、日本酒にあり。お酒を少量ご飯にふりかけて、数分炊き直すだけ。ふっくらご飯に変身する。

●べチャべチャご飯はラップなしでチン

食べたい分のご飯をとりわけ、電子レンジで30秒から1分チンするだけ。ラップなしでするのがコツだ。

古米をおいしく食べるコツ

●パック餅を混ぜて炊けば、モチモチ食感に

古米を新米のような食感にする裏ワザが、パック餅を利用する方法。

パックになっているお餅をおろしがねで細かく削り、といだお米に混ぜて一緒に炊く。分量は、お米3合に対して切り餅の約半分を目安に。削ったお餅が溶けて、古くなったお米をコーティングし、モチモチの食感をつくり出してくれる。

●うま味イマイチの古米はハチミツを入れて炊く

古くなったお米は、パサついて粘り気がなく、うま味もイマイチ。吸水力が落ちて、でんぷん分解酵素の働きが弱くなってしまうからだ。

そんなときの裏ワザは、米2合に対してハチミツを小さじ1加えること。粘りと甘みが出て、見た目もふっくら。まるで新米のようにおいしいつやつやご飯に炊きあがる。ハチミツにはでんぷん分解酵素も含まれているので、冷めてもおいしいご飯に。

●サラダ油を入れて美味復活

ハチミツの代わりに、サラダ油を入れても、もっちり感がプラスされておいしく炊きあがる。米3合に対して大さじ1の油を入れて炊くだけ。ハチミツ同様、ふっくら美味ご飯に。

お米の上手な保存法

●保存場所は冷蔵庫の野菜室がベター

どんな名産のお米でも、保存方法が悪ければとたんに味が落ちてしまう。

一般家庭ではキッチンに置くことが多いが、火や水を使うキッチンは高温多湿になりやすく、最適とはいえない。

保存場所に適しているのは、15度以下の風通しのよい冷暗所。涼しい床下収納でもいいが、そうでなければファスナー付きのポリ袋か密閉容器に入れて、冷蔵庫の野菜室に入れて保存するのがベターだ。冷蔵保存はお米の酸化を防ぐだけでなく、虫もつかない。

●ストッカーにお米をつぎ足すのはダメ

古いお米が残っている容器に、新しいお米をつぎ足さないことも、味を落とさない秘訣だ。容器に残った米のぬかが新しいお米について、味を損なってしまうからだ。古いお米やぬかは米虫がつく原因にもなりやすい。

新しいお米を入れるときは、容器を完全に空にしてから洗い、よくふいて乾かしてから使う。

●赤唐辛子でお米を賢く保存するおばあちゃんの知恵

ひとり暮らしや小人数の家庭ではよくありがちだが、米びつに古米、古々米が長く残っていると、米虫が発生する原因になる。

保存対策としては、ニンニクや炭などがよく知られているが、米虫予防に意外な効果を発揮するのが、赤唐辛子（鷹の爪）だ。米の中に、数本の赤唐辛子を混ぜておくだけで、虫が寄りつかなくなる。ちぎって入れると、さらに効果的だ。

ただし、殺虫効果はなく、米虫が発生してしまったら効き目はなくなる。

おにぎり

●人肌ぐらいに冷まして握る、おにぎりの美味ワザ

炊きたてのご飯は、まだ水分がたっぷり残っているので、そのまま握ると、粘り気がなくなってしまう。おにぎりにするときは、炊きあがったあともそのままにせず、炊飯器の中のごはんを上下逆になるようにさっくり混ぜ、ふきんをかけて少し冷ましておく。人肌より少し熱いくらいを目安にしよう。

寿司桶やボウルに移して、うちわなどで軽くあおいで冷ましてもよい。

炊き込みご飯（豆ご飯編）

●サヤごと炊いて、香りとうま味を閉じこめる

栄養たっぷり豆ご飯は、缶詰や冷凍のグリーンピースでも簡単きれいにできるけれど、旬のサヤエンドウ豆を使えば、さらにおいしくなる。

豆をとり出したあとのサヤを捨てずに洗って、お米の上にガサッと乗せて炊く。炊きあがったあと、茶色くなったサヤをとり除けば、ほんのり豆の色と香りがついたご飯になって、おいしさも3倍アップする。

●豆とサヤのゆで汁で炊くと仕上がりが上品

豆と米を一緒に炊けばラクチンだけど、豆がシワシワになって見た目がイマイチ。そんなときは、マメとサヤのゆで汁で炊く。

まず、豆をとり出したサヤを10分ほどゆで、煮立ったら中火にしてさらに10分。サヤを捨ててザルでこしたゆで汁にひとつまみの塩を加えて、豆をゆでる。冷ましたゆで汁に調味料を加えて炊けば、豆のうま味と香りが移って、さらにおいしくなる。

●グリーンピースをぷっくり鮮やかにゆでるワザ

春が旬のグリーンピースは、プチンと弾けるような豆本来の甘さとみずみずしさがいっぱい。ぷっくり鮮やかなグリーンピースに仕上げるコツは、ゆで汁に入れたまま、汁ごとすぐに冷水につけて冷やすこと。豆が空気に触れると表面がシワシワになってしまうので、たっぷりのゆで汁で冷ましたい。

　このとき、ちょっと固めにゆでておけば、余熱でグリーンピースに火が通るので、水っぽくならず、つやつやにゆであがる。

●おかきやおせんべいを使って簡単もちもちおこわ

　炊き込みご飯といえば、おこわに赤飯。最近は炊飯器でも手軽につくれるようになったおかげで、家庭でも気軽にできる人気メニューだ。

　でも、ここで紹介する炊き込みご飯の主役は、餅米が主材料になっているおかきやおせんべい。お米と一緒に炊くだけで、ビックリするほどおいしい炊き込みおこわとなる。

　つくり方は至ってお手軽だ。米、水、顆粒の和風だしとお好みの具材に、おかきやおせんべいを入れ、１時間ほど水を吸わせたあとに炊飯器で炊く。お釜の中でおかきがとけて、もちっとした食感をつくり出す。

　メインのたねとなるおかきやおせんべいの種類によって味が変わるので、その違いも楽しめる。たとえばのり巻きおかきなら海鮮ふう、豆おかきなら豆おこわ。しょう油せんべいは香ばしいにおいも味わいたい。

本格おこわにも負けないアイデア料理を、ぜひお試しあれ。

炊き込みご飯

●具をお米の上にのせて、混ぜ込まずに炊く

炊き込みご飯は、米の対流をさまたげないように、具を米の上にのせて、混ぜ込まずに炊くのが美味のツボ。また、塩分には米の吸水を妨げる働きがあるので、お米に十分に水を吸わせたあと、炊く直前に調味料を加えるという段取りを間違えないように。

炊き込みご飯の具を用意するのが面倒というときは、なめたけをひと瓶とシーチキンの缶詰をオイルごと入れる。しょう油少々をたらして、あとは炊くだけ。相性のいい食材同士を組み合わせることがポイントだ。

山海の食材のうま味が混じり合って、グッとおいしくなる簡単炊き込みご飯だ。

●大根おろしでアクヌキするタケノコご飯

タケノコ料理はアクとりが重要で、米のとぎ汁に赤唐辛子（鷹の爪）を入れて下ゆでです

るのが一般的だ。でも最近は、えぐみの少ないタケノコも出回っていて、下ゆでしなくていいことも多い。

えぐみの少ないタケノコなら、大根おろしを使えばずっとラクチン。生のタケノコを切ったあと、大根おろしに浸しておけばいい。大根の酵素の働きで、アクがぬけるからだ。残った大根おろしもそのまま食べられる。

お米の上にタケノコをのせ、酒、しょう油を加えて炊飯器で炊く。春の香りがするタケノコご飯は、旬の味！

寿司ご飯

●粉末寿司酢でラクラク混ぜご飯

夫婦ふたりだけですませる夕食は、パパッとつくれるものがいい。そんなときは、粉末寿司酢を混ぜただけの寿司ご飯に、キュウリ、瓶詰めのシャケフレーク、紅ショウガを投入。さっくり混ぜて簡単混ぜ寿司ご飯のでき上がりだ。

お茶碗の上から白ごまをパラパラふりかければ、立派なメインディッシュに！

●タッパーウェア2つで簡単押し寿司

こちらも同じ、家庭でできる簡単押し寿司のつくり方。

タッパーや型抜きできる容器に、粉末寿司酢でつくったごはんを詰め、その上からしめサバやサーモン、アナゴなどの具を敷き詰める。

同じ大きさのタッパーウェアに重しをのせて押せば、簡単押しずしのでき上がり。

いなり寿司

●油揚げを開きやすくするひと手間

いなり寿司の決め手は、油揚げの煮方といってもいい。

油揚げを熱湯でゆで、油抜きをする前のひと手間が成否をわける決めワザだ。そのひと手間とは、ゆでる前に油揚げをまな板にのせてキッチンペーパーをかぶせた上から、丸い菜箸など（丸い棒状のもの）で表面を下から上へ軽くローラーすること。

ころころ転がすことで、油揚げの内側の白く柔らかな部分がほぐれてすき間が広がり、袋状に開きやすくなる。このひと手間をサボると、袋が開かなくて苦労するハメに！

だし汁と調味料を合わせてじっくり濃い味で煮詰めるが、火を止めたあとは煮汁の中で冷まし、味をしみ込ませる。このとき、ほんのり人肌程度に温かいうちに袋をひらいておくと、油揚げの口が開きやすくなる。

●落としぶたでゆでたあと、流水でもみ洗い

油揚げの油抜きも、極旨いなり寿司の重要ポイントだ。お湯に入れてプカプカ浮いてくる油揚げは、落としぶたをしてたっぷりの熱湯でゆでること。

ゆでたあとはザルにあげ、やぶらないようにしながら流水でよくもみ洗いする。この作業をすることで、油のにおいや余分な油気が抜けて、味がしみこみやすくなる。

味つけは少し甘すぎ？　と思うくらいが、酢飯になじんでちょうどいい。砂糖の代わりにザラメを使うと味にコクが出る。

チャーハンのコツ

●パラパラチャーハンは、冷凍ご飯をチンして活用

パラパラご飯がチャーハンの醍醐味。固くなった冷やご飯のほうがおいしくできそうな気がするが、冷えたご飯は米粒がくっついていてほぐれにくく、具や調味料も混ざりにくい。火力が弱い家庭のコンロでつくるなら、冷えたご飯しかないときは電子レンジなどで温めてから使ったほうがいい。

また、冷凍の残りご飯をラップをはずしてチンすると、ほどよく水分が抜けて、炒めたときにご飯がパラパラになりやすい。温め過ぎると逆効果になるので、ご用心。

●卵かけごはんでパラリとつくる、シンプル卵チャーハン

ご飯に火を入れはじめたら手早く仕上げるのが、パラパラチャーハンの大原則。

そのためには、前もって具材や調味料など、すべての下準備をすませておくことが大切だ。ボウルに卵、味つけ用の調味料、ご飯を入れてよく溶き混ぜ、卵かけご飯にしておく

のもスピードアップの隠れワザ。炒める前に卵がお米の一粒一粒にからんでコーティングされているから、水分が入りにくい。

あとは強火で、フライパンをふりながらザッと炒める。ご飯が粘らないようにしゃもじで切るようにしながら、とにかく手早く！

●マヨネーズで炒めるおすすめ裏ワザ

サラダ油の代わりに、マヨネーズで炒める裏ワザもおすすめだ。

フライパンにマヨネーズを入れて火にかけ、溶けはじめたところで温かいご飯を加えて、混ぜながら炒める。あらかじめご飯とマヨネーズを混ぜておくと、より簡単にパラパラになる。

●炒める前に、ご飯に油をかけてほぐしておく

ご飯の下準備として、炒める前に、ご飯に油を混ぜて軽くほぐしておくのも、パラパラチャーハン成功のヒミツ。フライパンの中で炒めながらほぐそうとすると、ご飯の粘りが出てベチャッとなる。

●隠し味に昆布茶を加えてうま味をアップ

チャーハンは、ご飯のパラパラ感と味つけのタイミングがポイント。塩を入れると水分が出るので、味つけの塩・コショウは、具材を炒め終わった最後に。

このとき、隠し味に粉末の昆布茶を適量加えると、味にうま味とコクがプラスされて、レストランの味になる。

●仕上げのしょう油は鍋肌に落とすのがコツ

チャーハンの味付けにもひと工夫しよう。

ご飯と具を混ぜて、塩・コショウのあとに、しょう油を加える。このとき、しょう油は必ず鍋肌にそって落とすのが、隠しワザ。

しょう油を焦がすことで、香ばしい香りが立って食欲をそそるのに、しょう油をご飯の上に直接かけたら、せっかくパラパラに仕上げたチャーハンが水分を吸ってしっとりしてしまう。

ドライカレーのコツ

●赤ワインを隠し味にすれば、レストランの味

ドライカレーは、ひき肉や野菜を炒めて、カレー粉やトマトを加えて煮詰めたもの。このとき、隠し味に赤ワインを適量加えると、上品な大人の味になる。

また、トマトの酸味も味に深みが増してワンランクアップさせるコツだが、湯むきが面倒ならトマトピューレやペーストを使ってもいい。ただし、トマトケチャップは甘みが強くなり過ぎるのでNGだ。

ハヤシライス

●ハヤシライスの秘伝の隠し味

カレー以上に、隠し味が気になるハヤシライス。

つくり方の王道は、タマネギと牛肉をよく炒めて、トマトソースとケチャップをベース

に甘みとコクのあるソースに仕上げること。ここでソースに赤ワインを加えるのは今や常識だが、隠し味がひとつだけとは限らない。

たとえば、スパイスの香りを引き立てるには、仕上げに酢を入れてひと煮立ちさせるのがコツ。洋食屋さんふうの味になる。味噌を加えると酸味を和らげる効果があり、ほのかに焦がしたカラメルソース少々を入れるとコクと風味が増す。サワークリームもまろやかさを引き立てる。

秘伝のレシピは、アイデアから生まれる。

オムライス

●炊飯器でつくるオムライスのスピンオフ・メニュー

オムライスの基本は、油で炒めたケチャップライスを卵で包むのだが、ご飯を油で炒めずに炊飯器で炊いてしまうスピンオフ・メニューをご紹介。

味つけは、トマトの水煮缶とコンソメスープ、色づけのケチャップと塩少々。これをお米と一緒に混ぜて炊飯器で炊く。ご飯が炊きあがったところで、炊飯器の中で鶏肉などお好みの具材を炒めたものを混ぜあわせる。あとは普通のオムライスのつくり方と同じだ。

炊飯器で炊くときの水の量さえ間違えなければ、ケチャップや油が多過ぎてベチャつく心配もないし、初めてでも完成度は高い。

あんかけ丼のコツ

●ふわふわ純白あんかけ丼の隠しワザ

真っ白な雪のようなフワフワあんかけは、温野菜にかけたりご飯にかけたりと、メニューの幅が広がる黄金レシピだ。あんは、スープと調味料を加えてひと煮立ちさせ、火を止めたあとに水溶き片栗粉を入れて、再び沸騰させてつくる。

仕上げに軽く泡立てた卵白を入れれば、純白あんのでき上がり。このとき、卵白と一緒にコーヒーミルクを加えるのが、プロのワザ。卵白だけよりずっとコクが増して、おいしさ格別！

親子丼

●トロットロ親子丼の卵は、2回に分けて入れる

ふんわりトロットロ親子丼の決めワザは、卵の入れ方にある。

料理にとりかかる前に、冷蔵庫から卵を出して、室温に戻しておくこと。これも大切なひと手間だ。

溶いた卵を鍋に入れるときは、まず3／4量を回しかける。入れたあと、菜箸で〝の〟の字を書き、さらにタテヨコに箸を動かす。このときにグルグルかき混ぜたりしないこと！

せっかくの卵が固まってしまう。

全体に火が通って卵がフワフワになってきたら火を止め、残り1／4量を加えてふたをする。余熱でふわりと仕上がる2回目の卵が、トロットロ親子丼の極意なのだ。

パン

食べきれないパンは、ラップで包んで即冷凍

おいしい焼きたて食パンも、すぐには全部食べきれない。一度切ってしまったその瞬間から劣化がはじまるパンは、生き物なのだ。

焼きたてのおいしさの時間が思いのほか短いことは、意外と知られていない。食パンで1~2時間、フランスパンでも本当においしいのは、焼いてから6時間以内といわれる。

つまり、最後までおいしく食べきるには、食べる分だけカットしたら、残りはラップで包み、ジッパーつきのポリ袋に入れて即冷凍するのが一番！

食パンは寝かせてスライス

ホームベーカリーで焼き上げた焼きたての山型食パンを、自分好みの厚さで切りたいのに、うまく切れない。どうして⁉

そんなときは、食パンの下の面が手前にくるように寝かせ、側面を上にすると、まっす

ぐきれいにスライスできる。これは、パンの上のほうが下より柔らかいため、かために仕上がった下の面を手前にスライスしたほうが、ナイフが動かしやすいからだ。

細くて長い波刃のついたパン切り専用ナイフが一般的だが、普通の包丁を使う場合は、力を入れすぎず、包丁を前後にゆっくり大きく動かすのがコツ。

包丁を直火であぶって温めると、切りやすくなる。

●おいしいトースト、意外と知らない3つの秘訣

①トースターのスイッチを先に入れ、十分温まってからパンを入れる。この順番を間違えると、トースターが温まるまでにパンの水分が飛んでしまい、バサバサにかたくなってしまう。

②トーストしたパンは、冷たい皿にのせない。焼いた直後はまだ水分の蒸発が進んでいるので、お皿の冷えた水分を吸ってふにゃっとなるから。

③トーストしたパンは重ねない。これも水分の蒸発を妨げるから。カゴにナプキンを敷いてのせるのは、オシャレな演出ばかりでなく、きちんとした理由があったのだ。

サンドイッチ

●重しをおいて15分、具とパンをなじませる

つくってから時間がたつと、なんとなく水っぽくなってしまった。そんな失敗サンドイッチにしないためには、水気が出やすい生野菜（キュウリやトマト、レタスなど）を挟まないこと、これに尽きる。

具をはさんだあと、かたくしぼったふきんで包み、まな板やお皿などの重しをおいて15分ほどおくと、具とパンがなじんで切りやすく、また食べるときにも具が落ちにくい。

●切り口をきれいにスライスするコツ

具材をはさんだサンドイッチをきれいにスライスするのも、コツがある。

①パンを押さえつけない。②よく乾いたナイフとまな板を使う。③ぬれぶきんで、ナイフについた汚れを1回ごとにふきとりながら切る。

切り口がきれいにできれば、見栄えもバッチリ。

第2章◎麺類・パスタ料理の裏ワザ

パスタをおいしくゆでるワザ

●パスタの袋のゆで時間より1分少なく

パスタをおいしくゆでるコツはアルデンテ（噛んだときに歯ごたえが少し残るくらいのかたさ）にすることといわれる。

ゆで時間は、パスタの種類や太さによって違ってくる。パスタの袋にゆで時間が書かれているので、それを目安にすればいいのだが、ついついゆで過ぎてしまうもの。ゆで過ぎたらパスタのおいしさは半減してしまう。袋に書かれている時間より1分ほど少なくするのがコツ。

●パスタをアルデンテにゆでる裏ワザ

鍋にたっぷりの湯を沸かし塩を加え、パスタを入れてゆでる。1分たったら鍋のふたをして火を止める。あとは袋に書かれているゆで時間がたつまで、そのまま待つ。つまり、中火で1分ゆでたら火を消してそのままにしておく。余熱で十分パスタはアルデンテになる。これなら光熱費の節約にもなるし、ほおっている間にソースの準備もできる。

●パスタはゆでたてを食べる

ゆで上がったパスタをそのままほおっておくと、パスタはどんどんのびてしまい、味が落ちてしまう。パスタにからめるソースや混ぜる具材は、パスタをゆでる前に準備しておくこと。パスタがゆで上がってからソースを準備したのでは、アルデンテではなくなってしまう。

ソースの味をアップさせるワザ

●市販のミートソースの味をアップさせる

市販のできあいのミートソースや、レトルトのミートソースは便利だが、味がいまひとつだというとき、レモンをしぼった汁をミートソースに加えてみよう。分量はお好みだが、一人前だったらレモン４分の１個分が適量だ。

レモンの汁のかわりにレモンの皮をすりおろしたものを加えてもいい。酸味がきいてコクが出る。

●パスタのゆで汁をソースの隠し味にする

パスタをゆでたあとの汁は、みな捨ててしまう人が多いと思うが、パスタのだしが出て塩分も入っているので、捨てるのはもったいない。隠し味に最適なのだ。

ミートソース、トマトソース、カルボナーラなどのソースに加えると味に深みが出ておいしくなる。分量は１人前で小さじ１～２杯が目安。

●ニンニクとレモン汁だけで簡単パスタ

最近、主婦の間で話題になっている簡単パスタ。冷蔵庫に何もない、食材を買いに行く時間もないというとき、ニンニクとレモンだけでおいしいパスタがつくれるのだ。

ゆでたパスタ２００グラムをオリーブオイルとニンニクのすりおろし小さじ2杯くらいで炒めて、そこにレモン汁を回しかけて、さらに炒めてからめるだけ。超簡単だけど、これが不思議にとてもおいしいのだ。

●シーフードミックスで簡単ペスカトーレ

ペスカトーレは、魚介類とトマトソースでつくるスパゲッティ。魚介類がたっぷり入ったパスタはおいしくて家族に人気だが、これをつくるのには手間がかかる。イカ、タコ、エビ、アサリなどの下ごしらえをしなければならない。そこで、超簡単につくるワザを紹介しよう。

魚介類は冷凍のシーフードミックスを使えばいいのだ。これなら下ごしらえもいらないし、均等の大きさに切ってあるので、便利。パスタ200グラムでシーフードミックス150グラム、ホールトマト缶1缶が目安。

フライパンにオリーブオイルを入れてニンニクを炒める。ニンニクの香りがたったら、解凍しておいたシーフードミックスを入れて炒め、ホールトマト缶を入れてさらに炒める。ここで、味付けをするが、塩を入れたらハチミツを小さじ1杯、粉末コンソメの素を小さじ1杯加えると、冷凍シーフードを使ったとは思えないレストランの味になる。

●ペンネアラビアータを簡単につくる

ペンネはショートパスタの一種で、両端がペン先のようにとがっているのが特徴。表面に溝がついているので、ソースがしみ込みやすい。ペンネの代表的な料理が、ペンネアラビアータ。アラビアータは唐辛子をきかせたトマトソースのこと。フライパンでニンニクと鷹の爪1本をちぎったものを炒め、トマトとトマトソースを入れて炒めて煮詰めた中にゆでたペンネを入れてからめる。

鷹の爪を使うのが普通だが、なかったらタバスコを好みの量かければ、簡単にできる。

昆布茶でパスタの味をアップ

●昆布茶で味付けたヘルシーパスタ

昆布茶は、昆布だしに塩味がついたものと同じだから、飲むだけではなくいろいろな料理の隠し味に使える。チャーハンやご飯をたくとき、スープ、中華めんなどなど。パスタも意外や昆布だしの風味と合う。そこで、超簡単な炒めない昆布茶パスタをつくろう。

材料は2人前でパスタ200グラムに昆布茶小さじ2杯、刻んだ海苔適宜、バター少量、オリーブオイル小さじ1杯。パスタはゆで上がったらボウルにとって、昆布茶、バター、オリーブオイルを入れてからめ、最後に刻んだ海苔をたくさん加えるだけ。油で炒めないから超簡単。海苔のかわりに大葉やベビーリーフでもおいしい。

●ボンゴレ・ビアンコの味が昆布茶で格段にアップ

ボンゴレはあさりのことで、ビアンコは白いこと。白ワインや塩で味つけたあさりのパスタがボンゴレ・ビアンコ。

このパスタは、フライパンにみじん切りにしたニンニクと、種を取って輪切りにした鷹の爪を入れて炒めたら、あさりと白ワインを入れてフライパンにふたをし、あさりを蒸して貝の口を開かせ、パスタを加えて味をからめればいい。パスタ200グラムに対して、ニンニク1片、鷹の爪1本、オリーブオイル少量、白ワイン大さじ1杯が目安の分量。

でも、できたパスタの味がいまひとつというとき、昆布茶を小さじ1杯ふりかけて和えてみて。不思議と味にしまりが出てグンとおいしくなる。

食べるラー油を使ったパスタ

●ラー油でつくる簡単パスタ

食べるラー油には唐辛子、ショウガ、コチュジャン、ニンニク、干しエビ、白ゴマなど健康にいい食材や香辛料が何種類も入っているから、ラー油だけで極旨パスタができる。

用意するのは1人前でパスタ100グラム、市販の食べるラー油大さじ2杯、刻み海苔適宜。これだけ。フライパンに食べるラー油を入れて温める。パスタのゆで汁を少量入れてよく混ぜる。ゆでたパスタをこの中に入れて、ラー油とよくからめる。皿に盛り付け、刻み海苔をのせるだけ。

●食べるラー油のパスタにじゃこを加える

前項の食べるラー油のパスタと同じつくり方だが、ちりめんじゃこと青ネギを加えると、また違った和風味になる。まずフライパンにちりめんじゃこと青ネギのきざんだものを好みの量入れて炒め、そこへ食べるラー油を入れて加熱する。あとは前項と同じつくり方で仕上げるだけ。

残ったパスタを変身させる

●残ったパスタをピザに変身

ゆでたパスタが残ったら、パスタをポリ袋に入れて、もんで平らにつぶしてピザ生地のようにし、上にミートソースや溶けるチーズ、切ったトマトなどをのせて電子レンジで加熱すれば、即席ピザのでき上がり！

●残ったミートソースでコロッケ

スパゲッティ・ミートソースが残ったら、コロッケにしよう。パスタとミートソースをからめて、キャベツかレタスの葉で巻き、俵形に丸く成形する。これに小麦粉、卵、パン粉をつけて、ふつうに揚げるだけ。

中身はすでに火が通っているので、油で揚げる時間も短くていい。揚げるかわりにオーブントースターで焼いてもいい。カロリーがダウンできて油も使わずにすむ。

うどんをおいしくする裏ワザ

●ゆでうどんをおいしくするワザ

市販のうどんには生うどん、ゆでうどん、乾めん、冷凍うどんがある。ゆでて袋づめになっているうどんはすぐに使えて便利だが、袋から取り出してすぐに使うのでなく、ひと手間かけるともっとおいしくなる。煮込みうどんをつくるときは、袋から取り出したら、熱湯を回しかけてぬめりを取り、水気を十分に切ってから煮込むといい。

●ゆでうどんを炒めるときのコツ

ゆでうどんを使ってフライパンで焼きうどんをつくるときは、袋に入れたまま電子レンジで1分間加熱する。袋に切り目を入れておけば袋が爆発しない。電子レンジで温めれば麺がほぐれて、炒めたときにソースをからめやすくなる。

●カレーうどんをおいしくするワザ

カレーが残ったときはそれをうどんにかけて、カレーうどんにするとまた違った味が楽しめるが、ここでひと手間かけるとおいしくなる。

うどんに残ったカレーをかけるだけでなく、カレーに麺つゆか、だし汁を加えると、味にコクが出る。１人前なら麺つゆ１００ccくらいが目安。

さらに、これに片栗粉大さじ１杯を水でといたものを加えると、とろみがついてグンとおいしくなる。

また、キムチを少量入れると、コクが出るし、麺つゆ50ccに豆乳を50cc加えるとまろやかな味になる。

うどんのだしをラクにつくるワザ

●関西風うどんのだしを簡単につくる

関東と関西では麺のだしが違う。関東では濃口しょう油を使って魚のだしでつくるが、関西では薄口しょう油を使って昆布だしでつくる。関西風うどんのだしの基本のコツは、水４００ccに薄口しょう油大さじ1杯、みりん大さじ1杯に昆布のだしの素適量を鍋に入れてひと煮だちさせれば簡単にできる。

もっと簡単にしたければ、水に麺つゆ、みりんを同量、昆布茶の粉を適量入れてひと煮立ちさせればでき上がり。

●市販の麺つゆをおいしくするワザ

市販の麺つゆは濃縮タイプとそのまま使えるストレートタイプがある。どちらも簡単に使えて便利だが、甘みが強いという人が多い。そこで、ひと味アップするには、ストレートタイプを鍋に入れ、かつお節を適量入れて煮たててだしを取るだけで、味が一段とアップする。または、二種類の違う麺つゆを混ぜて使うだけでも、いつもと違ったおいしい味になる。

焼きそばをおいしくつくるワザ

●焼きそばを水っぽくしないワザ

お祭りの屋台で食べる焼きそばや、バーベキューで大勢でワイワイ焼いて食べる焼きそばは、子どもも好きな人気メニュー。だが、水っぽくベタっとなってしまうのが難点。

そこで、中華麺をフライパンで焼く前に、ボウルに麺を入れてほぐしながら、日本酒を大さじ2杯ほどふりかけるのだ。フライパンで麺を焼くときは、酒をふりかけてあるので、水はもう加えなくていい。焼いているうちにアルコール分はとんでしまうので、子どもでも食べられるし、水っぽくならずに香ばしい焼きそばがつくれる。

●焼きそばを香ばしく焼くワザ

焼きそばをつくるときは、キャベツや肉など具材と麺は別々に焼くこと。まず具材を先にフライパンで炒めてから、別の容器に取り出し、フライパンの汚れをキッチンペーパーなどで落としてから、麺を炒める。こうすると、野菜から出る水分で麺がベシャッとならずにすむ。炒め終わったら、すべての具材を加えてソースをからめ一気に仕上げれば、おいしくできる。

●和風そばで焼きそばをつくる

焼きそばはふつうは焼きそば用の中華麺でつくるが、ゆでた日本そばで焼きそばをつくってもおいしい。フライパンにサラダ油をしいて、ゆでた日本そばの水気を切って炒める。味付けは顆粒のかつおだし少量をかけるだけ。

できあがりに刻んだ青ネギをのせ、レモンのしぼり汁を少量かけると味がしまる。好みで麺つゆをかけてもいい。

第3章◎調味料、だし、ソースの裏ワザ

調味料のコツ

●手ばかりを覚えておくと便利

レシピを見ていると、よく「塩ひとつまみ」などと出てくるが、これと小さじ1／4とはほぼ同じ分量である。このように、分量の目安を覚えておくと、いちいち計量スプーンや計量カップを取りださなくてもすむ。

- **塩少々**＝親指と人差し指でつまんだ量＝1グラム＝小さじ1／8
- **塩ひとつまみ**＝親指、人差し指、中指でつまんだ量＝2～3グラム＝小さじ1／4
- **塩大さじ1**＝ひと握りし、薬指と小指を離して残った量

手ばかりではないが、次のように、キッチンにあるものを使っていろいろ量ってみて覚えておくと便利だ。

- **しょう油小さじ1**＝5cc＝しょう油のボトルキャップの9分目
- **1／3カップ**＝玉じゃくし1杯
- **バター大さじ1**＝13グラム＝1箱の総量から全体の何分の1かを割り出し、買ってきた

ときに切り分けておく

●しょう油を料亭風に変身させるワザ

昆布やかつお節、みりんなどと煮合わせるなど、だししょう油のつくり方はいろいろあるが、もっとも簡単なのは、だしの素になるものをしょう油に入れておくこと。

たとえば、だし昆布に切り込みを入れてしょう油さしの中に入れておくと、だしのきいた料亭風のしょう油になる、という具合だ。きちんとつくる時間がないときでも、こうしておけばけっこう重宝する。

●みりんには3種類ある

みりんには「本みりん」「みりん風調味料」「加塩みりん」の3種類がある。

まろやかで深い甘味のある本みりんを使えば問題はないのだが、「みりん風調味料」はアルコール度数が低く、名前のとおり風味に欠ける。また「加塩みりん」は風味は強いが塩分を加えてあるので、それを考慮に入れ、料理をつくっている途中で酒を少々加え、塩を控えめにするのが味を調えるコツになる。

●万能なみりんを使いこなそう

肉や魚にテリやツヤをつけ、めんつゆになり、ドレッシングにもなる本みりん。しかし、みりんのすごさはそれだけではない。

米1合につき小さじ1／2のみりんを加えて炊くと粘りが増し、臭みが消える。つまり、古くなった米を甦らせることができるのだ。また、半分の量になるまで煮詰めたみりんをコーヒーに入れると、シロップの代わりにもなる。一度、ぜひ試してみてほしい。

●炒りゴマ、すりゴマがちょっとだけほしいとき

料理の仕上げに炒りゴマやすりゴマがほしいとき、フライパンやすり鉢を使うと洗い物が増えるし、面倒だ。そこで、パッと手早くできるワザを紹介。

炒りゴマの場合は、アルミホイルに必要なだけのゴマを入れ、両端をキャンディーのようにキュッと絞ったら、菜箸ではさみ持ち、そのまま回しながら火であぶるとよい。

すりゴマは、ポリ袋にゴマを入れ、すりこぎなどで上からたたけばよい。

●味が足りないとき、何から足す？

料理の途中で味見をすると何かが足りない、ということはよくある。そんなときは、まず、だしの素から足してみる。それでもだめならワインや酒、次にコショウと、風味を足していく。

それでもまだだめなら、酢などの酸味を足し、砂糖などの甘味を足し、その次に塩やしょう油などの塩味を足す、という順番でやっていくのがもっとも失敗が少なくてすむやり方だ。

●バターは冷凍庫に入れる

バターを冷蔵庫に保存している人は多いだろう。しかし、長期間になると表面が酸化して黄色くなってしまい、味も落ちる。そこで、使う量だけを前もって取り出して冷蔵庫に入れ、残りはラップにくるんで冷凍庫に保存しておくと長く食べられる。

また、若干古くなったものはパンに塗るなどはやめておきたいが、料理用には使ってもよい。

●マヨネーズは冷蔵庫に入れない

マヨネーズも冷蔵庫に入れる人は多いだろうが、夏以外は常温で保存したほうがおいしく食べられるのだ。じつはマヨネーズは高温にも低温にも弱く、冷蔵庫に入れておくと分離して風味が落ちてしまうので、夏場以外は日の当たらない涼しいところに保存するとよい。だから冷蔵庫に入れる場合も、奥の冷えたところではなくポケットに入れよう。

また、使い終わったあとはチューブの底から空気を抜くようにすると、酸化が防げて長持ちする。

●油の代わりにマヨネーズを使う

マヨネーズは加熱すると酸味が和らぎ、まろやかになる。そのマヨネーズを、ハムやベーコン、野菜などを炒めるときにサラダ油のかわりに使うと、ふんわりした酸味が具の味を引き立たせてくれる。さらに黒コショウを振ってもよい。

●酢は変色を防止してくれる

レンコンやゴボウは煮るとメラニン色素が出て茶色っぽくなってしまう。そこで、ゆでるときはお湯に酢を少量たらすのがコツ。酢には酸化酵素の働きを妨げる性質があるので、変色を防ぎ、色味をきれいなまま保ってくれるのだ。

人気のハチミツ味噌を手づくりする

●万能調味料のハチミツ味噌

味噌とハチミツの配分は好みでよいのだが、味噌1に対して、半分の量のハチミツを加えるのが目安になる。そのまま混ぜるだけでもよいが、一緒に鍋に入れて、味噌がフツフツするまで弱火にかけてつくってもよい。密閉容器に入れて冷蔵庫に保存しておけば、だいたい一カ月くらいはもつ。

野菜のディップにもなるし、肉や魚につけてもよいし、炒め物のソースにもなるし、トーストに塗ってもよいと、何にでも合うハチミツ味噌は、常備しておけば万能調味料として活躍してくれる。

●ハチミツ味噌ニンニクは健康にもいいし、旨い！

ハチミツと味噌を混ぜたハチミツ味噌は、どんな料理にも合う万能調味料だが、これに、もう一品加えてさらに味をアップさせよう。ニンニクを加えれば、味にコクが出るうえ、健康効果はバツグンなので、作り置きしておき、ご飯のお供に、ラーメンに入れたり焼肉のたれ、しゃぶしゃぶのたれなどに使うと旨い！　また、この味噌に魚や肉を漬け込んで、半日ほどおいて焼くと、とても香ばしい味になる。

材料はニンニク1玉に対して赤味噌100グラム程度。酒は適宜。ハチミツも好みで適宜。つくり方は簡単。ニンニク1玉の皮をむいてすりおろす。フードプロセッサーがあれば、それで砕けば早い。これを赤味噌、酒、ハチミツと混ぜるだけ。

もうひとつのつくり方は、フライパンにごま油をひき、細かくみじん切りにしたニンニクをきつね色になるまで炒める。これに赤味噌100グラムを投入して軽く炒める。これにハチミツと酒を好みの分量入れて、3分くらいかき混ぜながら炒める。

このつくり方では火を加えるので、よりまろやかな味に仕上がる。

自分でつくる万能調味料

●塩麹

麹には分解酵素がたっぷり含まれているので、これを加えた料理は消化を助け、胃腸に優しいものになる。この塩麹も、少量使うだけでも肉が柔らかくなるし、〝和える〟〝炒める〟なんでもこいで、ふだんの料理がグッとおいしくなる万能調味料として人気だ。

乾燥した米麹200グラムにつき塩60グラムを加えてよく混ぜ、水300ccを加えてさらに混ぜたら、密閉容器に入れて蓋をする。このとき、蓋はゆるめに締めること。1日1回かき混ぜて、常温のまま1週間から10日置いておくと、軽くとろみがついてくるので、それででき上がり。蓋をきちんとしめて、冷蔵庫で保存すれば半年くらいはもつ。肉や魚をつけ焼きにしてもよいし、漬け物に使ってもよい。

ちなみに、卵かけご飯に塩麹を入れるだけで、驚きのおいしさになる。ほかほかのご飯に溶いた卵と塩麹（小さじ1くらい）をのせて、よくかき混ぜる。そこに、ごま油（小さじ1／3くらい）を少量たらす。好みで、しょう油も少々。ネギやかつお節、もみ海苔などをのせてもよい。その甘みとごま油の香ばしさで、絶品ご飯に変身するのだ。

●ごま塩

買ったものでも十分おいしいが、料亭風をめざしてごま塩をつくってみよう。

生ゴマと水を1／3カップずつ鍋に入れ、塩を小さじ1加える。これを弱火で火にかけ、箸でかき混ぜながらゆっくり煮詰めていけばでき上がり。ゴマが水分を含んでふっくらし、味わいのあるゴマ塩ができる。

●ニンニクオイル

肉料理やパスタをつくるとき、そのたびにニンニクや唐辛子を炒めるのは面倒だ。それに、ニンニクなどは使いかけで残すと無駄にしてしまうこともある。

そこで、ニンニクをあらかじめ漬け込んだオイルをつくっておくと便利だ。みじん切りにして炒めてからオイルと混ぜてもよいが、もっと簡単に生のままオイルに入れるだけでもよい。

オイル200ccにつきニンニク2片をみじん切りして加える。耐熱容器にオイルとニンニクを入れ、ラップをかけずに約2分チンすればでき上がり。酢を加えればドレッシングにもなる。

●唐辛子オイル

また、唐辛子オイルの場合は２００ccのオイルにつき5～6本、ショウガオイルの場合は1片を皮ごとスライスすれば、あとはニンニクと同様に。

●食べるラー油でつくるレシピ

・きんぴら

多めの食べるラー油を鍋に入れて熱し、千切りにしたゴボウやニンジンを炒める。しょう油少々で味付けし、仕上げに黒ゴマをパラッと振ればでき上がり。

・炊き込みご飯

お米2合につき大さじ1のラー油を加え、細かく刻んだメンマやザーサイなどを混ぜて炊くだけ。香りで食欲もアップする。

・ペペロンチーノ

パスタをゆでて、フライパンで食べるラー油と混ぜ合わせるだけ。

●ナンプラーはエスニックの素

タイ料理によく使われるナンプラーは、いってみればタイのしょう油。小魚を塩漬けにして発酵させた、魚しょう油と呼ばれるものだ。

風味が強く塩辛いので、スープや春雨サラダ、炒め物に隠し味として使うと、アッという間にエスニック風に早変わりする。ただし、しょう油代わりといっても純和食には合わないので注意。

●隠し味としてのワイン

香りが強く、渋みのある赤ワインはステーキやハンバーグのソースには欠かせないし、シチューなどの煮込み料理にも使う。またラムやマトンなど、肉に独特の臭みがあるものに使うと、クセを和らげてくれる。

一方の白ワインは酸味がありフレッシュな味なので、魚料理やポトフなどの料理に使うと、あっさりめの味に仕上がる。

●白ワインが余ったときの再利用術

・ピクルスの漬け汁に

白ワイン2、酢2、ハチミツ1／2〜1の割合で漬け汁をつくり、さっとゆでた野菜を入れておけばピクルスができる。漬け汁は、鍋にワインを入れ、ローリエと粒コショウを加えて沸騰させる。そこに酢とハチミツを加えてさらに3分くらい加熱。冷ましてから汁を広口びんに移し、びんに野菜を入れてひと晩冷蔵庫でねかせれば、でき上がり。

・ワインビネガーに

栓を開けたまま2〜3日冷蔵庫に入れておくと、アルコール分が飛んで、そのままワインビネガーになる。ただし、酸味の強いワインのほうがよいので、酸味が足りないときは酢を加えて調整するとよい。

タレ・ソースのコツ

●「しょう油＋みりん」和食に欠かせない黄金比率は1対1

日本料理に欠かせない味付けは「しょう油＋みりん」。その比率が1対1というのは基本中の基本だ。あとは、だしの分量を調整したり、ものによって甘みを足したりすれば、さまざまな料理に使える。

- **天つゆにするなら**――しょう油1・みりん1・だし4
- **肉じゃがなどの煮物なら**――しょう油1・みりん1・だし8～10
- **おでんや鍋物なら**――しょう油・1みりん1・だし20
- **カレイの煮付けなら**――しょう油1・みりん1・酒1・水5
- **しょうが焼きなら**――しょう油1・みりん1・酒1
- **親子丼のタレなら**――しょう油1・みりん1・酒1・だし4

●二杯酢、三杯酢をおいしくするワザ

二杯酢は、酢1・しょう油1、三杯酢は、酢1・しょう油1・砂糖または、煮きりみりん1を合わせたものだが、料理によっては酸味が強く感じることがある。そんなときは、だし汁を加えて味を調えるとよい。

●簡単ダレの比率を覚えておこう

- **照り焼きダレ**——しょう油1・ハチミツ1
- **味噌ダレ**——みそ1・ハチミツ1
- **和食なんでもダレ**——しょう油1・酒1・みりん1

これらの基本に唐辛子やショウガ、ニンニク、ゴマ、豆板醤、カレー粉、すりおろしたダイコンやかつお節、ゆずなど、さまざま工夫をして加えていけば、奥深いタレが完成する。

●あっという間にデミグラスソースが完成

本格的なデミグラスソースは半日以上ぐつぐつ煮込まなくてはならないが、ケチャップ、中濃ソース、赤ワインをすべて同量合わせて電子レンジで1分加熱すれば、超簡単デミグラスソースができ上がる。

もう少しコクを出したいときは、タマネギのすりおろし、顆粒コンソメ、黒コショウ、ローリエなどを加えればＯＫ。そして同じく電子レンジで2分くらい加熱し、最後にバターを加えるとよい。

●焼き肉のタレの使い道

市販のタレはさまざまあるが、表示のものだけではなく、いろいろな料理に使ってみるとよい。いつもの味にちょっと変化をつけたいとき、意外な秘密兵器になる。

たとえば、焼き肉のタレはから揚げなどの肉料理はもちろん、チャーハンや焼きそばなどの隠し味として少量使えば、けっこうおいしくなる。

●ホワイトソースのリカバー術

ホワイトソースをつくっていて小麦粉がダマになってしまったとき、失敗した！　と捨てる必要はない。ミキサーにかけるだけでダマが消え、滑らかなソースに生まれ変わるのだ。

また、こし器でこしてから味付けし、煮詰める方法でもよい。

だしのコツ

●だし昆布は洗ってはだめ

だし昆布は白く粉をふいているので洗う人がいるが、それでは台無しになってしまう。昆布のうま味成分が、あの白い粉なのだ。

汚れがついていて気になるような場合でも、濡れブキンでさっと拭くくらいにとどめておくのがよい。

●水の代わりに昆布水を使って料理をグレードアップ！

優れもののだしに、細切りにした昆布を水につけるだけ、という昆布水がある。

使う昆布は、ふつうの昆布だしをとるときの半分程度の量ですみ、使い切っても水を入れれば同じ昆布でもう一度つくれる。冷蔵庫に入れておけば2週間はもつし、雑味が少なく、うま味がよく出る万能だしである。

この昆布水、料理で水代わりに使うと、料理の味がワンランクアップする。おすすめは、蒸し野菜の蒸し水や冷凍の魚介類の解凍水に、カレーやシチュー、スープ類などで水代わりに。うま味がもともと濃いものには、あまり向かない。コンソメを使う料理には、コンソメ代わりに使ってもよい。

使い終わった昆布はひと晩オリーブオイルにつけておき、ハンバーグの肉などに混ぜて使うと、驚きのおいしさになる。

また、昆布水をそのまま飲むだけでダイエットにも効く。

●本格だしを手早くつくるワザ

インスタントだしがきれてしまった、昆布やかつお節はあるけれど、時間がない！　というとき、あっという間にだしをとるワザがある。

かつおだしなら、適量の水とかつお節を耐熱容器に入れ、ラップをかけて電子レンジで1〜2分加熱。茶こしでこせば、けっこう濃いだしができる。

煮干しや昆布、干ししいたけでも同じやり方でだしがとれるので、時間のないときには試してみるとよい。成分がたっぷり溶けだした本格的なだしにはかなわないが、風味としては十分だ。

〝だし〟の麺つゆがさまざまに変身！

・炊き込みご飯

ストレートタイプを2倍に薄めれば、炊き込みご飯になる。お米3合につき、麺つゆカップ1・5、水カップ1・5、日本酒大さじ1を加えて炊くだけ。

・焼き鳥のタレ

濃縮タイプの麺つゆなら、そのまま焼き鳥や焼き肉のタレとして使える。

・ドレッシング

同じく濃縮タイプの麺つゆと同量のオリーブオイルを混ぜて、おろしたニンニク少々と酢を適宜足すと、和風イタリアンドレッシングになる。

味噌汁のコツ

●味噌汁のだしをおいしくとるには？

インスタントのだしや、だし入り味噌もあるにはあるが、ここではさておく。

味噌汁のだしには、煮干し、かつお節、昆布にはじまり、魚のアラ、エビの殻、しじみなどさまざまあるが、もっとも一般的でなじみがあるのは煮干しのだしだろう。

煮干しは、苦みが出るので頭とはらわたは取るが、から煎りするかペーパータオルにくるんで電子レンジで1分チンすれば、さらにうま味が出る。また、分量の水を入れた鍋に入れてひと晩置き、火にかける前に取り出すと、さらにおいしいだしに。

また、かつお節と昆布の両方を使っただしにすると、高級感が出て料亭風になる。

●おいしい味噌汁は、味噌を合わせるのがコツ

どんな具を入れても、味噌汁はおいしい。そこで、さらにおいしくするためには、種類の違う味噌を合わせるのがいちばん。

たとえば辛口と甘口、米味噌と麦味噌など、性質の異なる味噌を合わせると、味わいがいっそう深く仕上がるのだ。

●毎回だしをとらなくてすむワザ

だしをとって、具を入れて、味噌を加えるという味噌汁をつくるときの3段階を、2段階に省略するワザがある。

だしと味噌を一緒に合わせておけばよいのだ。味噌に、だし昆布やかつお節を練り込んでおくだけ。だし入り味噌という便利なものも売られてはいるが、家庭でつくるほうが市販のものよりおいしい。

●インスタントのだしは最後に入れる

味噌汁は、だしをとったら具を入れ、最後に味噌を加えるというのがオーソドックスな順番だが、インスタントの顆粒だしの場合は違うので注意。

顆粒だしは煮立てると香りが飛んでしまうので、沸騰したお湯で具を煮たあとにだしを入れることがポイントになる。そして顆粒だしを入れたら、すぐに味噌を加える。こうすると、インスタントの顆粒だしでも風味豊かな味噌汁になるのだ。

●味噌汁のコクが足りないときのリカバー術

味噌汁の味見をしてみたら、いまひとつコクが足りないというとき、味噌を加えては塩辛くなりすぎてしまう。こういうときは、濃い口しょう油をほんの少し加える。

また、味噌汁が濃くなりすぎてしまったとき、、水で薄めると風味が失われるので、だし汁を加えるようにするとよい。

●温め直してもおいしさを保つワザ

味噌汁は温め直すと味が悪くなるといわれている。それも当然で、具の味や香りが汁に移ってしまうからだ。しかし、具と汁を分けておけば問題は解決する。

つまり、味噌汁が残ったときは、お玉で具を取り出して別の鍋に移しておくのだ。そして温め直すときは汁を先に温め、そのあとで具を合わせれば、またおいしく食べられるというわけである。

●貝の味噌汁には香辛料を

肝臓や眼精疲労に効く貝の味噌汁は、うま味を生かすために貝を水から入れる。だしには昆布やかつお節を使ってもよいが、貝そのものがだしになるので、それだけでも十分おいしい。

ただ、磯の香りはいいのだが、独特な泥臭さが苦手な人もいるだろう。いくら泥抜きや砂抜きをしても、臭みが残ってしまうこともある。そこで、味噌汁ができ上がって火を止めた直後に粉山椒かコショウをパラパラッと振るとよい。すると、泥臭さはほとんど気にならなくなる。

●味噌汁＋αで、もっとおいしく！

- **味噌汁に牛乳・豆乳**……とてもまろやかになり、なめらかな風味になる。
- **味噌汁にヨーグルト**……少量加えるだけで、グッとコクが出る。
- **味噌汁に日本酒**……日本酒は、ほんの少量でよい。とても味わい深くなる。
- **味噌汁にみりん**……コクと甘味が出る。

・味噌汁にタバスコ……トムヤムクン風になる。……など

●味噌玉をつくっておく

ちょっと一杯だけ、味噌汁がほしい。でも、そんなときに限ってつくっていない……と、一人ご飯や二日酔いのケースに備えて、熱湯を注ぐだけでOKの味噌玉をつくっておくと便利だ。インスタント味噌汁も売ってはいるが、やはり手づくりはうれしいもの。

味噌50グラムに適量の削り節と刻みネギとワカメを混ぜ合わせ、4等分してそれぞれボール型に丸める。これで4杯分。そのボールを密閉容器に入れて冷蔵庫に保存しておけば、いつでも食べられるというわけだ。

マグカップなどに入れて熱湯を注ぐのではなく、小鍋に入れて温める場合は豆腐や油揚げなどを加えてもおいしい。

●味噌汁でつくるおかず

おばあちゃんのレシピともいえる、昔からある、とろろ芋と味噌汁を混ぜるだけの一品を紹介。ふつうのとろろご飯に比べて、味噌味がきいているぶん、味がはっきりしている。

すり鉢にとろろ芋を適量すりおろし、粘りが出るように、すりこぎでよく混ぜる。そして、お玉ですり鉢の縁から少しずつ味噌汁を回し入れる。この味噌汁は具なしで、通常より濃いめがよい。

味噌汁を回し入れ、すりこぎでとろろと味噌汁をよく混ぜ合わせるというのをくり返して、好みの味になったらでき上がり、アツアツの白いご飯にかけるととてもおいしく、食欲がないときでも食べやすい。

●意外においしい！　味噌汁の具

・キムチ
豆腐と油揚げのいつもの味噌汁に、キムチを加えるとコクが出る。隠し味としてキムチの汁を少量入れてもよい。

・トマト
トマトは乱切りに。トマトの酸味がきいて、さっぱりした味になる。酸味を減らしたいときは、種を取り除くとよい。ネギを散らすと彩りがよくなる。

・レタス

洋野菜のレタスは和風とも相性がよい。豆腐を加えても、卵を加えてもよいが、レタスのシャキシャキ感も食欲をそそる。

・トウモロコシ

缶詰のコーンを入れるのだが、味噌ラーメンの組み合わせを考えればコーンと味噌の相性はけっこう悪くない。バターを少し入れてもコクが増す。

・ウィンナーソーセージ

キャベツやニンジンと一緒に入れると、まるで和風ポトフだ。

スープのコツ

●市販の鶏ガラスープをレストランの味に

市販の鶏ガラスープはそのままでもかなりおいしいが、それをさらにプロ級の味にするためには、青ネギとショウガを入れて煮立てるとよい。

スープ5カップにつき、1本分のネギの青い部分だけとショウガは5グラム見当で。3分くらい煮たところで取り出せば、グッとうま味の増したスープができ上がるので、あとは好みの具材を入れて調える。

●昆布茶で簡単スープ

鍋に湯を沸かして適量の昆布茶を入れ、トリ肉や白菜など淡白な味の具を入れる。それを煮込み、最後にしょう油で味を調えれば超簡単スープのでき上がり。

●ジャガイモをゆでた汁がスープに

ジャガイモのゆで汁は、ふだん捨ててしまっているだろう。でも、そんなことをしてはもったいない。そのゆで汁は、おいしいスープに変身させられるのだ。

ジャガイモのうま味が溶け出したゆで汁に、コンソメの素や鶏ガラスープの素を入れるだけで、かなりコクのあるスープになるのだ。そこにカリカリベーコンや野菜を加えると、再生利用したとは思えないスープのでき上がり。

●かき玉汁は穴あきお玉で

かき玉汁は、糸状の卵がきれいにふんわりと仕上がるだけでおいしそうに見える。しかし、それがなかなかうまくいかない。溶き卵がドボッと入ってしまうと見た目も悪くなるし、透明な汁が濁ってしまう。

そんなときの優れものが穴あきのお玉だ。穴あきお玉を通して溶き卵を円を描くように流し入れると、ふんわり、きれいに仕上がるのだ。

●一人分のスープはマグカップで

ベーコンや余った野菜の切れ端などがあれば、マグカップにそれらを入れ、水とコンソメの素、塩・コショウを加えて電子レンジで3分くらいチンすれば、立派なスープができ上がる。仕上げに溶けるチーズを乗せてもおいしい。

同じように調味料を足してトマトジュースを使ってトマトスープ、冷凍のコーンと牛乳を使ってコーンスープもできるし、和風のだしの素を使えば和風スープもできる。マグカップスープは、忙しい朝にも、夜食にもうってつけだ。

●市販のドレッシングを使ってガスパッチョ

スペインはアンダルシアの冷製スープ、ガスパッチョは〝飲むサラダ〟といわれるくらい野菜たっぷりのヘルシーなスープ。ミキサーでまとめてドロドロにすればできるので、食欲の失せた暑い夏にはぴったりだ。

4人分で、トマト3個、キュウリ1本、種を取った青ピーマン2個、赤パプリカ1／2個、タマネギ1／4個、ニンニク1片、パン粉1カップ、市販のオリーブオイルを使ったイタリアンドレッシング1／2カップをミキサーに投入。

味が足りなければ塩・コショウで調整し、必要なら水を加える。そのまま冷蔵庫で2時間くらい冷やして食卓に。

●塩辛くなりすぎたスープのリカバー術

スープの味付けに失敗すると、元も子もなくなってしまうが、これがけっこうある。いろいろ煮込んだ野菜スープも、最後の味付けで塩辛くなってしまったら、水を足しても味を調え直すことはできない。そんなときのリカバー術を紹介しよう。

・タマネギを入れる

みじん切りしたタマネギをあめ色になるまで炒めて加えると、その甘みとコクで見事に復活できる。ちなみに、生のままのタマネギを入れるとタマネギ臭くなるだけなので、必ず炒めたものを。

・ジャガイモを入れる

スープに塩を入れすぎてしょっぱくなってしまったときはジャガイモを入れるとよい。ジャガイモが塩分を吸収し、ちょうどよい案配になるのだ。

●固形スープ、夏は冷蔵庫に

コンソメの素などの固形スープは、夏には冷蔵庫で保存したほうがよい。冷蔵庫に入れていないと、夏になると溶けてベトベトになっていることがある。こうなると味が落ちているだけでなく、動物性脂肪が酸化していることもあるので、決して使わないこと。夏場は、固形スープは少量ずつ買い、冷蔵庫で保存するのがよい。

ドレッシングのコツ

●生野菜サラダのドレッシングは食べる直前に

生野菜サラダにドレッシングをかけたまま時間をおくと、しなっとしてしまう。ドレッシングの塩分が野菜から水分を奪うためだ。

シャキッとおいしく食べるためには、野菜の水切りをしっかりし、ドレッシングは食べる直前にかけること。これが、生野菜サラダをおいしく食べる最大のポイントだ。

●キムチの残り汁をドレッシングに

キムチチゲ、豚肉との炒めもの、チャーハン、納豆と混ぜるなど、キムチは守備範囲の広い素材だが、残った汁も同じくらいに優れものだ。ドレッシングやソースとしてさまざまにアレンジできる。

まず、市販の中華ドレッシングに加えれば韓国風ドレッシングに。野菜と豆腐を適当に盛りつけてかければ、韓国風サラダになる。

キムチ汁をそのままから揚げや白身魚の下味に使えばスパイシーな味わいになるし、キムチ汁とケチャップを同量混ぜれば、フライドチキンにぴったりのスパイシーなソースになる。

密閉容器に溜めておき、冷蔵庫に入れておけば約2週間は保存できるので、いろいろ使い回せるキムチ汁は捨てないで。

●豆腐でつくるヘルシー・ドレッシング

サラダの具材としてではなく、ドレッシングの素材として豆腐を使う。ヘルシーでありながら、食べごたえのあるサラダになるドレッシングのレシピを紹介。

- 絹ごし豆腐にマヨネーズとケチャップ、酢、砂糖少々をミキサー(フードプロセッサーでもよい)にかけてクリーム状にすると、フルーツサラダにもよく合う洋風ドレッシングになる。
- 絹ごし豆腐にごま油と塩少々、炒った白ゴマを混ぜ、豆腐をつぶすように混ぜると中華風になる。

●めんつゆでドレッシング

濃縮タイプのめんつゆと同量のオリーブオイルを混ぜ、おろしたニンニク少々と酢を適宜足すと、和風イタリアンドレッシングになる。

●ポン酢でドレッシング

味ポン酢に塩・コショウ、サラダ油を加えれば和風ドレッシングになる。そこに粗みじん切りにしたトマトを加えるといっそうおいしくなる。

●オイスターソースでつくるディップ

オイスターソースといえば焼きそばや炒め物に使われるが、そのままソースとしてもおいしい。

ただ、それだけでは濃いので、オイスターソース１につきマヨネーズを３〜４の割合で混ぜるのがおいしくするコツ。生野菜のディップになる。

●簡単マヨドレいろいろ

マヨネーズを使ったドレッシングは数限りないが、ここではなるべく簡単に、２〜３種を混ぜればよいものだけを紹介しよう。マヨネーズは何にでもよく合うので、オリジナルで工夫してみてもよいだろう、

•レモンマヨ

マヨネーズと同量のレモン汁を加え、塩を少々振るだけ。コールスローなどのサラダに

ぴったり。

・ワインマヨ

同量のマヨネーズと白ワインを混ぜるだけ。さっとゆでたグリーンアスパラなどによく合う。

・グリーンマヨ

すりおろしたキュウリ1本につき、大さじ4のマヨネーズを混ぜる。あっさりと淡白な野菜に合うほか、ディップにもなる。

・チーズマヨ

クリームチーズ50グラムにつき、大さじ1のマヨネーズを混ぜる。濃厚なディップに。

・マスタードマヨ

マヨネーズとマスタードを2対1の比率で混ぜる。カリフラワーなどによく合う。

・オーロラソース

同量のマヨネーズとトマトケチャップに黒コショウを振り、混ぜ合わせる。ニンニクのみじん切りを少量加えてもよい。卵料理やキュウリやニンジンなどのサラダに合う。

・ピーナッツマヨ

マヨネーズとピーナッツバターを2対1の比率で混ぜる。緑黄色野菜やセロリなどのディップに合う。

・エッグマヨ

マヨネーズ1カップにつき、ゆで卵1個、パプリカ少々、みじん切りにしたゆで卵とマヨネーズを混ぜ、パプリカを振る。魚介類のサラダやトマトサラダに合う。

・ハニーマヨ

マヨネーズ1／2カップにつき、ハチミツ大さじ1、白ゴマの炒ったものを大さじ1加えてよく混ぜる。ゆで野菜や中華風サラダに合う。

・明太マヨ

明太子1／2、腹は皮をとり、酒をふりかけて軽く混ぜる。マヨネーズ1／2カップとすりおろしたタマネギ大さじ1を加え、混ぜ合わせる。ジャガイモやカボチャ、またトーストに塗っても合う。

・ソイマヨ

マヨネーズに好みの分量のしょう油を足し、よく混ぜ合わせる。温野菜や塩・コショウした薄切り肉などによく合う。

・梅マヨ

1／2カップのマヨネーズにつき、梅肉大さじ2を混ぜる。梅肉はタネを除いて包丁で細かくたたき、ペースト状にする。ツナやキュウリなどのサンドイッチにも合うし、冷しゃぶなどにも合う。

・味噌マヨ

白味噌大さじ1と卵黄1個分ををよく混ぜ、そこにマヨネーズ大さじ4を加えてさらに混ぜる。ゆで野菜や、生野菜のディップに合う。

第4章◎缶詰・レトルト食品・冷凍食品の裏ワザ

缶詰のコツ

●缶詰はどのくらいもつ？

サバイバルフーズには25年など、超長期保存が可能なものもあるが、一般的な賞味期限は缶詰に表示されているとおり。缶詰に表示されている賞味期限とは「おいしく食べられる期間」の目安を表すものだが、実際にはどれくらいなのかといえば、左のようになる。

- **水産系缶詰**…製造日から約3年（缶に表示されている賞味期限マイナス3年＝製造日）
- **畜産系缶詰**…製造日から約3年
- **野菜系缶詰**…製造日から2～3年
- **果実系缶詰**…製造日から2～3年　など

ベビー用などの食品にはもっと短いものもあるが、缶詰の賞味期限はほとんど製造から3年が〝おいしく食べられる期間〟になる。それを頭においておけば、少しくらい過ぎていても食べられるが、消費期限（〝おいしく〟ではなく〝食べても安全〟な期限）については注意が必要だ。消費期限は表示されていないが、加熱真空のものは10年くらいもつという説もある。しかし、缶詰の種類や保存環境によっても違ってくるので、なるべくなら賞味期限内に食べたい。

●缶詰の食べ時は?

賞味期限は表示されているとおりでいいのだが、じつは缶詰にも旬がある。では、本当においしく食べられるのは、どのくらいまでなのか。一例を挙げると次のようになる。

- **油漬けの缶詰（シーチキンなど）**…製造日から1年半〜2年
- **煮物や蒲焼きの缶詰**…製造日から1年
- **フルーツの缶詰**…製造日から半年〜1年
- **塩漬けの缶詰（貝など）**…製造日から3カ月　など

つまり、缶詰の食べ時を逃さないためには、賞味期限と同様、製造年月日に注意することがカギになる。

●魚の缶詰は底から開ける

急なお客さんがあったときなど、缶詰は強力な味方になってくれる。そんなとき、いくら素材は缶詰でも、お皿はセンスよく飾りたい。

でも、問題が一つある。サバ煮など、魚の缶詰はプルトップを開けて器に出そうとすると、切り口が食い込んでいるので皮の部分が傷ついてしまうのだ。これでは見た目が台無しになる。

では、きれいに取り出すためにはどうするか。逆から開ければよいのだ。つまり、面倒だけれど、缶切りを使って底を切れば、スルッと、そのままの形で出てくるのである。

●肉の缶詰は開ける前にお湯をかける

コンビーフ缶を料理に使うときは、開ける前にすることがある。沸騰したお湯を缶の上からかける。じつはこれだけなのだが、お湯の熱が冷めたころに蓋を開けると、上蓋に缶の中身がくっつかず、もちろん形崩れもしないのだ。

ベーコン缶も湯煎をすると肉が柔らかくジューシーになるし、すきやき缶などもつくり立てのような味わいになる。

この、お湯をかけるというのが、缶詰からきれいに肉を取り出すワザなのだ。ただし、火にかけた鍋に缶ごと入れて〝ゆでる（温める）〟のはくれぐれもやらないで。長くゆでてしまって缶が膨張すると、とても危険だ。

●ツナ缶のオイルを活用しよう

缶詰の一番人気ともいえるツナ缶。沖縄では炒め物のだし代わりに使っている。それもそのはず、ツナ缶にはマグロや鰹のうま味がたっぷり入っているので、缶の汁を捨てるなんてもってのほか。

煮物に加えてコクを出したり、炒め油の代わりができるのがツナ缶の汁なのだ。ここでは、油代わりに使う簡単な一品を紹介。

熱したフライパンにツナ缶の汁を入れて、まずタマネギの薄切りを炒め、そのあとにツナをほぐしながら炒め、塩・コショウしたあと、隠し味として、しょう油をプライパンの縁から回せばでき上がり。ご飯のお供にもいいし、トーストに乗せてもおいしい。

●ツナ缶はオールマイティ

前述のように、だしにしたり炒めたり、生でサンドイッチの具にしたりと、ツナ缶の用途は広い。

もっと単純に、メンマなど、あり合わせのものと和えるだけで、かなりおいしい一品にもなる。ただ、それぞれに味がついているので、味付けは控えめに。

またご飯を炊くとき、ツナ缶とナメタケの缶詰を混ぜてしょう油を少量入れれば、簡単炊き込みご飯になる。

●サバ缶にひと手間で本格的な一品に

缶詰はそのまま食べてもおいしいものが多いが、ほんのひと手間でガラリと変わる。サバの水煮缶があればできる簡単レシピをいくつか紹介しよう。

・そのまま酒肴

サバの水煮缶からサバを取り出し、お皿にのせる。オリーブオイル、しょう油を適宜ふりかけ、大葉の千切りをのせ、粗挽きコショウを振る。それだけ。でも、それだけで、ラグジュアリーな酒肴になる。

・サバのしょう油バター

サバの水煮缶を鍋に移し入れ、バター1カケと長ネギの輪切りを適量のせ、しょう油を回しかける。ネギがしんなりしたらでき上がり。しょう油バターの香りがたまらない一品に。

・サバでシュウマイ

つけ汁で食べるシュウマイの具をサバ缶でつくる。サバ缶ならおいしいうえに、手早いからうれしい。

まず、ゆでた白菜とサバを混ぜ、塩で味を調えたらシュウマイの皮で包み、蒸す。次に鍋に適量の水を入れ、だし、塩、しょう油、ショウガで味付けし、水溶き片栗粉でとろみをつけたつけ汁をつくり、最後にネギか三つ葉を散らす。蒸し上がったシュウマイをつけ汁につけて食べると、肉の具とはまた違った、たまらないシュウマイになる。

●ホタテ缶の残り汁で雑炊をつくる

ホタテのエキスがギュッと詰まった、ホタテ缶の残り汁で雑炊をつくってもおいしい。

簡単レシピを紹介しよう。

茶碗1杯分のご飯を一度水洗いし、水切りしたら耐熱容器に入れる。

そこにホタテ缶の残り汁と水を合わせたものを1・5カップ加える。

塩と酒を少々、隠し味にしょう油を数滴たらして混ぜ合わせ、次に卵を割り入れて全体をほぐしたら、ラップをかけて電子レンジで約2分加熱する。

加熱し終わったら軽くかき混ぜて、さらにもう1分加熱。最後に三つ葉を散らせば、「なんということでしょう」といいたくなる雑炊のでき上がり。

●ホタテ缶もドレッシングに活用

ホタテを薄く切ったものとダイコンの千切りをマヨネーズで和えたサラダはおいしい。でも、マヨネーズで和える代わりにホタテ缶の残り汁とオリーブオイル、塩・コショウで味付けすれば、また風味が変わり、ヘルシーでおいしいサラダになる。

●アンチョビ缶はまず冷蔵庫へ

アンチョビ缶は加熱殺菌されていない缶詰なので、長い間常温で保存していると缶の中で発酵し、身が崩れてまずくなってしまう。

そこで、買ってきたらすぐに冷蔵庫に保存しよう。そして、一度開けて残ったら、びんに移し替えてまた冷蔵庫へ。そうすれば、わりと長く食べられる。

●アンチョビを塩代わりに使うと、ひと味違う！

アンチョビはパスタやピザでおなじみだが、1缶に10枚近く入っているので、ついつい残してしまう。そんなときは、小分けにしてラップでくるんで冷凍しておけばよいが、料理の塩代わりに使うという手もある。

たとえば、野菜やチーズたっぷりのサラダに塩気が足りないというとき、アンチョビをみじん切りにして加えるとコクが出ておいしくなる。加えるときは、しょっぱくなりすぎないように味見をしながらするとよい。

また、みじん切りにしてチャーハンに混ぜたり、ガーリックオイルで炒めてしょう油をひと振りしたらレモン汁をかけてご飯のお供にするなど、塩気が強いぶん、バリエーションはけっこう広い。

そして、ここでも缶の汁が残る。これをパスタに使うオリーブオイルに足すと、うま味が増すのでおすすめだ。

●ホールトマトは缶の中でつぶす

缶からトマトを出し、ボウルに入れて潰そうとするとベチャッと汁が飛び散ってしまった、という経験をおもちではないだろうか。

なんのことはない、缶を開けてもすぐに取り出さず、缶の中に入ったままのトマトをキッチンばさみで細かく切り、それから出せばよいのだ。

●つぶしたホールトマトをペーストに

ホールトマトをペーストとして使うのもおすすめ。

缶の中でトマトをつぶしたら、それを食パンにたっぷり塗り、オリーブオイルと黒コショウ、そしてアンチョビをのせてオーブントースターで焼く。パセリのみじん切りなどを散らしても彩りがステキ。大人の朝食にぴったりだ。

●みかん缶でニンジンのグラッセ

魚や肉だけではない。フルーツ缶のシロップも役立ちものだ。お菓子に使うのはふつうだが、ニンジングラッセなどにしてもおいしい。

千切りしたニンジンをバターで炒めたら、みかん缶のシロップにスープの素を加えて煮るだけ。ニンジン特有のにおいが消えて、フルーティーで食べやすくなる。
また、みかん缶のシロップはカレーやシチューの隠し味にしてもよい。

インスタント食品・レトルト食品のコツ

●インスタントやレトルト食品の賞味期限は?

インスタント食品の賞味期限は、ほとんどのものが1〜2年程度。少しくらいなら過ぎても大丈夫だし、きちんと保管していれば賞味期限の1・5倍の期間は食べられるともいわれるが、やはり表示されている期限どおり、おいしく食べられるうちに食べることが基本。

また、カップ麺などの賞味期限はだいたい5カ月くらいが目処。古くなったものは麺の油が酸化していることがあるので、注意しよう。

●一度加熱してしまったレトルトを、また保存できる?

レトルトカレーなどを食べようと思って温めたのはいいけれど、突然、予定変更。そんなとき、そのレトルトカレーは温めなかったことにしてまた保存できるのだろうか。

結論としては、賞味期限内で袋ごとお湯で温めたものであれば、また保存してよい。ただ、保存する前に袋を水で冷やして粗熱をとったほうが、多少なりとも味や風味が低下するのを防ぐことができる。

しかし、何度も加熱を繰り返すと風味が損なわれ、具材の形も崩れるので注意。また、一度開封してしまったものは、家庭でつくった料理と同じで時間がたてば腐敗してくるので、開封後は早めに食べよう。

●インスタントラーメンをふだんと違う味にするワザ

ふだん食べている袋のインスタントラーメンにちょっと変化がほしいときのワザを、いくつか紹介しよう。

- 仕上げにゴマ油か、辛党ならラー油をたらせば、風味がアップする。
- みそ味のラーメンにピーナッツバターをスプーン1～2杯加えると、コクが増す。
- でき上がる直前に日本酒を少し入れ、最後に煮立ててアルコールを飛ばす。麺の油臭さが消えて、まろやかな味になる。

・そもそも〝牛乳ラーメン〟というものもあるが、シーフード味のラーメンに温めた牛乳を加えると、まるでカルボナーラのような味になる。しょう油味なら、少量の牛乳で豚骨風になる。

・豚骨ラーメンをもっと濃厚にするなら、お湯ではなく牛乳で煮ると本格的なコクが出る。好みによって牛乳とお湯を半々にしてもよいし、豆乳を使ってもよい。

・仕上げにワインを数滴たらすと風味が増す。

●レトルトカレーをボリュームアップ

レトルトカレー1袋では、ちょっと量が足りないというとき、単純だがほかのものをプラスしていけばよい。

カレーを鍋にあけ、そこに冷凍のミックスベジタブルを多めに混ぜて温める。

ご飯にかけてお皿に盛りつけたあと目玉焼きをトッピングすれば、見た目もお腹も満足な豪華版になる。

●レトルトカレーの甘口を辛口に、甘口を辛口にするワザ

今日は辛いカレーが食べたい！　でも、買い置きしてあったものはマイルド系だったとしたら、一気に食欲が失せてしまう。しかし、マイルドな味を辛くし、辛い味をマイルドにするワザがある。

マイルド系のカレーを辛くするには豆板醤（トーバンジャン）を加える。唐辛子でも辛くなるが、豆板醤はうま味も加えてくれるのでおすすめだ。

また、逆に甘くしたいときは、粉末のコーンスープを足すとコーンの甘みがカレーの辛さを押さえてくれる。さらに、コクとうま味をアップさせたいときは、ココアの粉末を入れるとよい。

いずれの場合も、味見をしながら少量ずつ入れて調整することが大切だ。

●レトルトのスープカレーを温かく食べるワザ

ルーのカレーとは違って、スープカレーは袋ごと熱湯でゆでても、意外にアツアツにならない。それを補うには、入れ物のお皿も温かくすればいいのだ。

レトルトを開封する前に、鍋に残っているお湯でお皿を適宜加熱しておく。当たり前だが、スープが温かくなくてはスープカレーのおいしさは半減してしまうので、中身も外身も温める。これがスープカレーをおいしく食べるポイントだ。

●レトルトで本格的焼きカレー

熱したフライパンに薄くサラダ油を敷き、温めたご飯とレトルトカレーをそのまま入れて混ぜる。ブロッコリーやアスパラなど冷蔵庫にある野菜と、溶けるチーズをのせ、蓋をして数分待つ。

フライパンの縁がグツグツしてきたら、焼きカレーのでき上がりだ。ただのカレーに飽きたときなどにおすすめ。

●レトルトのおかゆで満足するコツ

おかゆはダイエットしたいときに重宝するが、１パック食べただけではどうしても足りない。そんなときは、少しでも満足感を高めるために、噛みごたえのある低カロリーの食材をプラスするとよい。

たとえば三つ葉やほうれん草、ダイコンなどはおかゆと相性がよく、ビタミン類も豊富に含んでいる。生のレタスやキャベツをトッピングにしてもよく合う。また、細かく切ったこんにゃくを加えれば弾力のある歯ごたえも楽しめるし、お腹も満たされる。

●ミートソースを本格派に

パスタ用のミートソースは、そのままかけてもおいしいが、小鍋で煮詰めるともっとコクが出る。

さらに高級な味にするためには、パックに少し残ったソースを赤ワインで溶いて鍋に加えるとよい。一気にプロの味に変身する。

同様に、ハンバーグに使うデミグラスソースにも赤ワインを、バジルソースを使った料理やボンゴレには白ワインか日本酒を加えると、ワンランクアップの味になるのだ。

●レトルトのスープやシチューをリゾットやドリアに

耐熱容器に入れたご飯にミネストローネスープをかけ、チーズをのせればリゾットに。

また、耐熱容器にご飯を入れて、その上からレトルトのカレーかシチューをかけ、溶けるチーズをのせればドリアに。

それぞれ電子レンジやオーブントースターで焼けば、けっこう満足のいく一品になる。

●カップスープをもっと濃厚にするワザ

マグカップにひと袋入れ、お湯を注ぐだけで飲めるスープは小腹が空いたときや夜食に便利。

コーンポタージュやクラムチャウダー系なら、お湯の代わりに温めた牛乳を入れると、コクとうま味、ついでに栄養がグンとアップする。

●インスタントスープで速攻ご飯

卵スープやワカメスープの素をお椀にあけてお湯を注ぎ、その中にご飯を投入。塩・コショウして、ちょっとしょう油で味を調えれば雑炊になる。ゴマ油を適量たらせば中華風にも。

冷凍食品のコツ

●冷凍食品を選ぶには、まず売り場の様子をチェック

冷凍食品の善し悪しは、店の売り場の環境を見るのが一番。

冷凍陳列台にはロードラインという線が引かれているのだが、その線より上は冷凍効果がない。つまり、その線より上まで積み上げられているものがあったら、それは買わないようにすること。

また、包装に霜がついているものもだめ。これはお店の管理の善し悪しを見るポイントにもなるが、霜がついているということは、一度温まり、その後また急激に冷やした証拠なのだ。同様に、袋の中が均一ではなく塊になっているものは、流通過程で再凍結した可能性があるので、それも買わないほうがよい。

●冷凍食品の賞味期限は?

冷凍庫に入っている冷凍食品は、いつ買ったものか覚えているだろうか。冷凍とはいえ、

あまり放っておいてはいけない。

冷凍食品は零下18℃で保存しつづけると腐る心配はなく、1年以上経っても食べられるが、家庭の冷蔵庫は開け閉めが多いので、割り引いて考えなければならない。ではどのくらいかといえば、買ってから半年を目安とし、おいしく食べられるのは2〜3カ月と思っておくとよい。

ただ、冷凍食品は腐らないとはいうものの、保存方法によっては水分が飛んで〝冷凍焼け〟というパサパサ状態になってしまうため、フリージングパックなどの密閉容器に入れておこう。

いずれにしても、買ったものに限らず、冷凍庫に入れるものはフリージングパックに移しかえ、日付を書いておくと安心だ。

●解凍には氷水がベスト

市販の冷凍食品には自然解凍すればそのまま食べられ、朝、お弁当に凍ったまま入れておけばお昼には食べ時になっている、という便利なものもある。

しかし、解凍して調理するものの場合、どのような解凍方法が最もおいしくできるのだろうか。

電子レンジでするると加熱ムラができたり、常温解凍だと温度ムラが出やすい。冷蔵庫に移してすると時間がかかるなど、それぞれ悩ましい。ところが、もっと効率よく解凍できる必殺ワザがある。

エ？　と思うかもしれないが、なんと氷水に浸すのだ。水は０℃で凍るが、じつは食材はもう少し低い温度で凍る。だから氷水でも溶けるし、温度を低いまま保てるというわけ。解凍ムラもできないし衛生的なうえ、常温解凍よりも冷蔵庫解凍よりも短時間でできる。

やり方は、まずボウルに氷水をつくる。口がきちんと閉まる密閉袋に食材を入れて空気を抜き、口を閉める。その袋ごと氷水の中に入れ、浮いてくるようなら重しをして沈める。袋の中に氷の膜が張ったらはがし、食材が溶けたら、解凍完了！

●冷凍食材は、フライパンで焼いて一気に調理

フライパンと蓋があれば、下味をつけて冷凍しておいた肉も魚も、一気に調理できる。どちらも冷たいフライパンに入れるのがコツだ。

厚みのある牛のステーキ肉なら冷たいままのフライパンに入れ、蓋をして約２分強火に

かけ、ひっくり返したら中火で約2分。火を止めてから3～5分おけば、おいしいステーキのでき上がり。

ブリの塩焼きなら、両面に小麦粉をまぶして冷たいままのフライパンに入れる。蓋をして強火で約2分、ひっくり返して中火で約3分。火を止めて3分待てばでき上がり。

●冷凍食品は冷たいまま揚げる

コロッケやポテトなど冷凍食品を熱した油に入れると、油はねがひどい。また、解凍してから揚げると型くずれやパンクすることがある。冷凍食品は凍ったまま揚げるのがポイントなのだ。揚げる前に溶けかかってしまったときは、パン粉で補強をしよう。

上手に揚げるためには、鍋に必要な数の冷凍食品を並べ、全体がかぶるくらいの油を入れてから火をつけ、すぐに強火にするのがコツ。油が温まるのと同時に冷凍食品が解凍されていくから、水滴は静かに蒸発し、油はねもない。

外側がきつね色になって浮かんできたらひっくり返し、しばらくしたらでき上がり。これで、熱い油で揚げたのと変わらない揚がり具合になる。

●冷凍魚介類は加熱に時間をかけない

イカやアサリ、むきエビなど、バラエティ豊かな魚介類が入っているシーフードミックスは、下ごしらえしたあとに軽く下ゆでしてから冷凍しているため、調理するときは加熱に時間をかけすぎないことがポイントになる。

煮物や炒め物にする場合は、凍ったまま調理すればＯＫ。サラダや和え物にする場合は、熱湯をさっとかけて解凍する程度でよい。

●ポテトは凍ったまま揚げる

フライドポテトを上手に揚げるには、凍ったまま揚げることがコツ。もう一つ、油の温度を１７０℃に保つことも大切。油の泡が一面に広がった状態をキープすれば、適温が保たれている状態だということも覚えておきたい。

油の温度が低いとベタベタしたポテトになるし、逆に高すぎると芯がかたいまま焦げてしまうので注意。

●コロッケをパンクさせないワザ

お弁当のおかずとしても重宝するコロッケだけれど、途中でパンクしてしまったり、揚げるのが難しいものの一つだ。上手に揚げるには、油の温度を160℃に保っておくことがコツ。

低めの温度でじっくり揚げることで、失敗を防げる。また、電子レンジで少しだけ加熱してから揚げるのも有効ワザだ。

●冷凍シュウマイを上手に蒸すコツ

シュウマイは、凍ったまま沸騰した蒸し器に入れ、火が通ったらすぐに取り出すことがポイントだ。タイミングを逃すと蒸気を吸いすぎで、水っぽくなってしまう。

蒸す時間は、しっかりと蓋ができる蒸し器なら、中火で7分くらいが目安。蒸し篭で蒸すなら、強火で10分くらい。くれぐれも蒸しすぎには注意して。

●冷凍餃子を上手に焼くコツ

お手軽でおいしい冷凍ギョウザは、フライパンを熱して油を引き、凍ったまま並べて蒸し焼きにするだけ。ただ、そのままで火にかけていると、皮が破れてしまうことが多い。それを防ぐためには、ある程度火が通ったところでいったん火からおろすことがコツ。フライパンを濡れフキンの上に置いて底を冷ましてから再び火にかけると、きれいに焼くことができる。

●冷凍ピラフをドリアにするワザ

冷凍ピラフがあれば、ドリアがつくれる。

まず、耐熱容器にピラフを均等に敷きつめる。その上から白ワインを全体に振りかけ、加熱していないレトルトにクリームシチューをピラフの上にまんべんなく乗せる。粉チーズをお好みでかけ、軽く焦げ目がつくまで電子レンジかオーブンで焼けば、けっこう本格的なドリアの完成だ。

●グラタンがトーストに

電子レンジで加熱した冷凍グラタンを食パンにのせ、表面を平らにならしたらオーブントースターで3～4分焼く。焼き上がりにパセリのみじん切りを散らせば、クリーミーでボリューム満点のグラタントーストのでき上がり。

　このとき大口でガブッといかなくても、パンの耳に切れ目を入れておくと、ちぎって上品に食べられる。休日のお昼などにおすすめだ。

●冷凍焼きおにぎりをお茶漬けに

冷凍の焼きおにぎりとインスタントのお吸い物があれば、ちょっと小腹がすいたときに満足できる。

　焼きおにぎりをチンしてお椀に入れ、お吸い物の粉末を加えてお湯を入れればでき上がり。箸でほぐしながら、お茶漬け風にして食べればおいしいし、なんといっても香ばしさがうれしい。夜食にもおすすめ。

第5章◎デザート・おやつの裏ワザ

フルーツの選び方と保存の知恵

おいしいフルーツの選び方

●イチゴはヘタとツブツブを見る

ビタミンCが豊富なイチゴは、大きいものなら5〜6粒食べるだけで1日の摂取量をカバーする。1年中スーパーなどで出回っているので、春がイチゴの旬だと知らない人も増えてきた。

食べごろの熟したイチゴを選ぶポイントは、まずヘタを見る。ヘタがピンと反り返ってみずみずしく、乾いていないこと。表面のツブツブがくっきり粒立っているのも、押さえるべきツボだ。

パック入りのイチゴを選ぶときは、必ずひっくり返して底をチェックすること。1段目はきれいに並んでいても、底のイチゴにつぶれや傷みがないかどうか確認しよう。

●パイナップルは下ぶくれ形が甘い

パイナップルにもさまざまな種類があるが、太くて立派な葉を持った完熟パインは、重量感がある。甘さと酸味のバランスがよく、6～9月に旬を迎える。丸く下ぶくれしているものが、甘くておいしい。

常温保存するが、新聞紙にくるんで冷蔵庫の野菜室で保存すると、より長持ちする。また、カットしてラップに包んで冷凍すれば、そのままシャーベットとしても楽しめる。

●パイナップルは逆さにして保存

パイナップルには、下に糖分がたまりやすい性質がある。

完熟前のパイナップルを、葉を下にしてひと晩置いておくと、糖分が全体に回ってほどよくまろやかになる。

●バナナはスイートスポットで見分ける

軸がしっかりしているもの、スイートスポットと呼ばれる茶色の斑点が出てきたころが、バナナの食べごろだ。

専用のバナナスタンドなどで軸の部分をぶら下げ、空中に浮かせるようにして保存するのがコツ。自身の重みからエチレンガス（皮を黒くし、実を柔らかくする）を発生するので、接触面が少ないほうが傷みにくい。

完熟前のバナナだったら、家で追熟（室温で寝かせて、熟成させる）させよう。冷凍するときは、皮をむいてラップにくるんでフリーザーパックに。包む前にレモンの果汁を少しかけておくと、変色も防げる。

●酸っぱい果物を甘くするリンゴ

完熟前の酸っぱいフルーツ、たとえばキウイなどを甘くするには、リンゴを同じ袋に入れるのがワザあり保存テク。

リンゴが発するエチレンガスには、同じ場所に置かれた野菜やフルーツを熟成させる作用があるために、キウイの追熟が進んで甘くなり、食べごろが早くなるのだ。

逆に、リンゴを長持ちさせたいときは、ビニール袋に入れて密閉して冷蔵庫の野菜室に保存。

カットしたりジュースにしたら、変色を防ぐための塩水かレモン汁をつけると、味もまろやかになる。

●フルーツを冷凍するときは砂糖をまぶす

スーパーで売られているカットフルーツは、冷凍保存しておくと重宝だ。凍ったままミキサーに入れてフルーツデザート、半解凍してシャーベットに、牛乳と一緒にシェイクすればフルーツジュースになる。

このとき、フルーツに砂糖を軽くまぶしてから冷凍するとさらにおいしく食べられる。

●フルーツの冷凍法

フルーツによって違う冷凍法を、覚えておこう。

巨峰など粒の大きいぶどうは、房から一粒ずつ外して皮つきのまま冷凍しておく。食べるときに皮もむきやすく、味もほとんど変わらない。

すぐに使わなかったり使い残したレモンは、クシ形にカットして冷凍しておくと長持ちするし、焼き魚やサラダなどのつけあわせにするときも便利だ。

●リンゴジュースでつくる簡単ビールゼリー

黄金色のゼリーの上にフワフワの白い泡が立って、ビールそっくり！　ノンアルコールのビールゼリーは、甘いものが苦手なお父さんにもウケそうだ。

用意するものは、リンゴジュース５００ccとゼラチン10グラム。

①ゼラチンにリンゴジュース大さじ３を入れてかき混ぜ、30秒加熱する。

②①をジュースに入れてかき混ぜ、氷水の中でよく冷やす。

③６分ほど経ったところで、15～30秒ほど泡を立て、泡がちょうどいい加減の量になるようにグラスに注ぐ。

④泡がつぶれないようにそっとラップをかけて冷蔵庫で冷やし固める。

リンゴジュースを砂糖入りアイスコーヒーで代用すれば、まろやかな黒ビールゼリーができあがる。

●フルーツジャムでつくるアイスクリーム

アイスクリームを家庭でつくるときは、冷凍庫で固まるまでに時間もかかるし、意外と手がかかる。

そんな手間が一切かからない、究極の手抜きレシピでおいしいフルーツアイスクリームがつくれるのだ。

ボウルに生クリームとお好みのジャムを混ぜる。かき混ぜすぎると、あとから加える牛乳と分離してしまうので、最初はクリーム状になる程度でＯＫ。これに牛乳を混ぜて、手頃な容器に入れて、冷凍庫で２〜３時間かためればいい。

オレンジマーマレードやブルーベリージャムなど、乳化を助けるペクチン入りのジャムを使うことがポイントだ。ジャム素材のさまざまな色素も美しいので、夏のデザートにぴったりだ。

フルーツの賢い裏ワザ

●40～50℃のお湯につけるとバナナが甘くなる

まだ青い完熟前のバナナを、自宅で甘～くする方法がある。それはなんと40～50度のお湯にバナナを5分つけて、お湯から取り出したあと1時間ほど室温におくというもの。

どうしてそうなるかといえば、バナナを温めることで、でんぷん質が糖分に変わって甘くなるのだが、その作用を活性化するアミラーゼ酵素が、40～50℃の環境で最も活発に活動できるから。

●40～50℃のお湯につけるとバナナは長持ちする

さらに驚いたことに、40～50℃のお湯につけると、バナナは通常より2週間も長持ちしてくれるのだ。

つまり、バナナにとっても50℃は非日常的。強いストレスを受けたバナナの中で熱ショックたんぱく質という成分が生まれ、ストレスに負けまいとする抵抗力が増してくるからだ。

しかも、50℃のお湯につけたバナナは、冷蔵庫に入れても黒くならない。

自家製ジャムをつくる

●トマトジャムをつくる

ジャム＝フルーツの発想はひと昔前のこと。いろいろな素材を使った手づくりジャムがブームになっている。

リコピン、ビタミンA・C・E群などの栄養を豊富に含むトマトジャムは、ケーキのトッピングやパンに乗せてもおいしいし、煮込み野菜の隠し味にも使える。

つくり方も簡単だ。

- トマトを粗みじんに切って鍋に入れ、砂糖を入れて強火で加熱する。
- 沸騰したら、中火にしてアクをとりながら煮込み、最後にレモン汁を加えて、ひと煮立ちさせたら完成だ。

しょう油ベースの煮込みに砂糖代わりに使うと、トマトのグルタミン酸が働いて、深みが増す。肉系の煮込み料理やデミグラスソースなら、トマトの酸味が味を引き締める役割も。

いつものメニューをワンラックアップさせる魔法の味だ。

●ミルクジャムをつくる

トマトに続いて、牛乳と生クリームと砂糖を煮詰めてつくるミルクジャムのレシピを紹介しよう。

①厚手の鍋に牛乳、生クリーム、砂糖を加えて、ごく弱火でかき混ぜる。
②沸騰してきたらふきこぼれないように注意しながら、約30分加熱する。とろみが出てきたら、木ベラで鍋底からていねいにかき混ぜていく。
③およそ半分の量になるまで煮詰める。冷めると少し固まってくるので、木ベラからトロリと液ダレするくらいが目安だ。

トーストに塗ったり，ケーキの生地に混ぜたり、洋風レシピによく合うミルクジャム。お好みでラム酒やシナモンを適量加えれば大人の味に。

●自家製手づくりジャムを長持ちさせる方法

手づくりのジャムは、市販のものに比べると、どうしてもカビやすい。

つくり置きして瓶詰めにしたら、ジャムの表面に砂糖をまぶしておくといい。カビを防ぎ、水分を保つ砂糖パワーを利用して、長持ちさせてくれる。

野菜スイーツがおいしい

●不足しがちな栄養補給に野菜ドリンク

不足しがちなビタミンなどの栄養をたっぷりとるには、野菜のドリンクレシピを活用するのも効果的だ。

ブロッコリーを筆頭に、小松菜、カボチャなどにはビタミンやカロテンがたくさん含まれている。ふだんは捨ててしまいがちな大根の皮や葉、ねぎの青い部分もビタミンCの宝庫で、これを生かさない手はない。

たとえば、大根ジュースはよく洗って皮つきのままおろし、絞り汁にレモン果汁やはちみつを加えて飲めば、朝の目覚めもスッキリ。

カロテンを多く含むカボチャと、カリウムを含むリンゴを合わせたジュースも、二日酔いの胃にやさしい。

栄養価がMAXになる時期の旬の野菜を、はちみつやリンゴなどと一緒にドリンクレシピで摂取しよう。

●秋の根菜サトイモのアイスクリーム

秋の根菜、サトイモのアイスクリームも意外な美味しさが評判だ。

外側にねばりが出ないように皮をつけた状態で蒸し上げ、熱いうちに皮をむいて砂糖、水、レモン汁、塩を適量加える。よくまぜ合わせたら、器に移して冷凍庫で固める。お好みで牛乳や生クリームを入れてもいい。

3~5時間を目安に冷やすが、1時間ほど経ったところで、一度かきまぜて空気を入れると、口あたりがなめらかに。

ジェラートのような甘さで、おもてなしのデザートにもぴったりだ。

●完熟ゴーヤのスムージーは夏のデザートに最適

夏の暑い時期に室温のまま置いておくと、数日で黄色に変色してくるゴーヤ。ビタミンCたっぷりの南国野菜だが、完熟するとあの苦みがウソのように甘くなる。

完熟ゴーヤを割ると、真っ赤な種がいっぱい。種のまわりのゼリー状の部分がまるでメロンのように甘くフルーティーなのだ。ヨーグルトやハチミツ、バナナと一緒にミキサーにかけ、冷たいスムージーにしてもおいしい。

夏の盛りに食べたい、栄養たっぷり冷たい野菜スイーツだ。

●豆腐とヨーグルトのアイデアチーズケーキ

カロリーが気になる人のダイエット・デザートには、レシピもアイデアで工夫する。ここで紹介するのは、生クリームの代わりに豆腐とヨーグルトを使ったチーズケーキだ。

①プレーンヨーグルトを水切りして、冷蔵庫で2時間くらい置いておく。

②クリームチーズ、絹ごし豆腐、砂糖、卵、薄力粉を混ぜる。フードプロセッサーかミキサーがないときは、豆腐が滑らかになるまでよくつぶしてからほかの材料を混ぜる

といい。

③②を型に流し入れて、180℃で予熱したオーブンで30〜40分ほど焼く。

生地を流す型に、バターと練り合わせたビスケットやクラッカーなどを敷いておくとタルトふうに。

●フィルターペーパーでヨーグルトの水切り

ヨーグルトの水切りには、ドリップコーヒー用に市販されているフィルターペーパーも便利だ。

ペーパーにプレーンヨーグルトを入れてラップし、ひと晩冷蔵庫に入れておくだけ。

砂糖を混ぜてデコレーションに使ってもいいいし、調味料を加えて野菜のディップにも使える。

●初心者にもつくれるオレンジ風味のチョコ

チョコレートと相性がいいフルーツといえば、オレンジがベストパートナー。お菓子づくりの初心者でも上手につくれる「オレンジ風味のチョコレート」は、素材を溶かして混ぜ、冷やして固めるだけの簡単レシピだ。

①ボウルに細かく刻んで入れたチョコレートを湯せんで溶かしながら、生クリームを入れ、ゴムベラでよく混ぜる。

②つやが出るまで混ぜ合わせ、オレンジリキュールを加えてさらに混ぜる。

③クッキングシートを器に敷き、②を流し入れて冷蔵庫で冷やし固める。

④チョコが固まったら器から取り出し、ココアパウダーをまぶして仕上げる。

生チョコの風味とリキュールのハーモニーが絶妙。乾燥オレンジの皮を混ぜたものは、ウイスキーのおつまみとしても楽しめる。

市販の素材を上手に使った簡単裏ワザ

●撹拌せずにつくるキャラメルアイスクリーム

このレシピの肝は、キャラメルを使うこと。

本来は、何度もかき混ぜたり冷やしたりしなければいけないアイスクリームも、キャラメルを使えば面倒なくできるのだ。

まずは、市販のキャラメルをキッチンばさみで小さく切っておく。耐熱性の器に牛乳とキャラメルを入れて、電子レンジで1～2分加熱して、キャラメルを溶かす。氷水を張った大きなボウルに器を入れて、10度ぐらいまで冷やす。角が立つまで泡立てた生クリームと混ぜ合わせて、容器に流し入れ、冷凍庫で固める。

柔らかなアイスクリームになる秘訣は、生クリームをレンジで加熱せずに仕上げること。ホイップして牛乳とキャラメルと合わせることで、固まるのが早くなるのだ。

●ホットケーキをふっくら焼く方法①

市販のホットケーキミックスを使って、分厚くフカフカに焼くコツがある。

焼く前にフライパンに薄く油を引いて、約1分余熱で温めることと、生地を入れる前に、1秒だけ濡れふきんで冷ますのがプロの裏ワザだ。

冷まし過ぎると膨らまなくなる。

そのあと弱火にして生地を入れ、フツフツ泡が出るまで3分ほど焼いたら裏返す。このとき、生地の表面が固まっていないうちにひっくり返すのが肝心。

余熱がポイントだから、鉄のフライパンで焼くのがおすすめだ。

●ホットケーキをふっくら焼く方法②

もっと簡単にフカフカに焼く方法もある。

それは、ホットケーキの生地をつくるときに、マヨネーズを入れるワザ。粉２００グラムに対して大さじ1～2程度。マヨネーズを入れ過ぎると、酸味が立ってしまうので控えめがいい。軽く混ぜ合わせたあと、普通に焼くだけだ。

マヨネーズに含まれる植物油がグルテンの形成に影響を与えるために膨らみやすくなり、それでいて表面はサクッとした食感に。

焼いたあとに冷凍保存しても、マヨネーズの脂分が水分の蒸発を防いでパサパサになりにくい。

●フレンチトーストの簡単裏ワザ

手間をかけずにつくるフレンチトーストには、こんなビックリワザもある。

まずは、パンの両面にプリンを塗り、その上にカラメルを塗る。次に、耐熱皿に箸を2本のせて、その上にパンをおき、電子レンジで1分加熱すれば、ホットな簡単フレンチトーストが完成だ。

香ばしさが食欲をそそる。まさかと思ってお試しあれ。

●乾燥フルーツを柔らかくする

手づくりケーキやパンにちょっと入れたい乾燥レーズン。

早くやわらかくするには、器に入れて水かラム酒をひとふりしたあと、ラップをかけて加熱する。

水分を吸ってふっくらつややかなレーズンに戻る時短テクだ。

その他の乾燥フルーツも同様に！　フレッシュな味わいになることゼッタイだ。

●かたくなった干し柿を砂糖水で柔らかくする

おやつ代わりにもなる干し柿が、乾燥して固くなってしまった！

そんなときは、カップ1杯の水に対して小さじ1ほどの砂糖を入れて、3〜4時間浸しておく。

もちっとした柔らかさがよみがえって、おいしく食べられる。

●有塩バターを無塩バターに変える裏ワザ

ふだん、家庭でトーストにつけたりするのは有塩バターだが、ケーキづくりには必ず無塩バターを使う。塩分の多い有塩バターでは、ケーキもマフィンも塩っぽくてとても食べられたもんじゃない。

ケーキをつくり始めた途中で、肝心の無塩バターが足りなくなったことも、何度かあるはず。そんなときの強い味方が、有塩バターから無塩バターをつくる簡単裏技だ。

普通のバターをコップなどに入れて、電子レンジで1分加熱したあと、そのまま放っておくと、上下に黄色と白の層に分離する。

上の黄色い層が無塩バター、下の白い層が食塩の混ざったもの。

ケーキづくりだけでなく、肉料理などのソテーにも使えて便利だ。

知ってなるほど、お菓子づくりの冴えワザ

●極上のホイップクリームをつくるプロのワザ

お菓子づくりに欠かせないのは、なんといっても、極上のホイップクリーム。生クリームの泡立て方でお菓子の味が変わってしまうほどだ。

パティシエがつくるような、きめ細かなホイップクリームをつくるには、すべての道具をしっかり冷やすことがとても大事なこと。ホイップするときは、大きめのボウルに氷水を用意し、必ず生クリームを入れたボウルの底を氷水に当てながら泡立てる。冷温を保つことで、生クリームの油脂の状態を安定させるためだ。

そして、規則正しくリズミカルに手で撹拌する。このとき、ボウルの丸みにそって泡立て器を叩きつけるようにすれば、さらにいい。

●たった90秒でできるホイップクリームの裏ワザ

そんな面倒なことはやりたくない、というときには、ビックリな手抜きワザを伝授。

生クリームを撹拌するときに、ジャムを少量入れてみる。ジャムに含まれるペクチンが空気と脂肪をくっつきやすくする効果があるため、泡立て器で90秒かき混ぜるだけで、すばやくホイップクリームができる、というわけだ。

ジャムの種類は、ペクチン入りであればなんでもOK。

第6章 ◎ キッチン用具の賢い裏ワザ

キッチングッズの徹底活用編

キッチンペーパー

●煮物料理に欠かせないアクとりに大活躍

煮物や鍋料理、スープ料理をおいしくつくるために欠かせないひと手間が、アクとり。鍋のそばにつきっきりでブクブク浮いてくるアクを何度もすくうのは面倒な作業だが、アクがきっちりとれているかどうかで、味のできばえが天と地ほども違ってくる。とはいえ、お玉ですくうと煮汁が少なくなるし、手間がかかる。

そこで登場するのが、便利アイテムのキッチンペーパーだ。アクや余分な脂が浮き上がってきたらお玉でとりのぞき、そのあと料理の上にペーパーをかぶせるだけで、1回の手間ですむ。

しかも、材料のすき間に残っているアクまで、きれいにキャッチしてくれるし、肉料理の場合は、アクだけでなく表面に浮き出てくる余分な脂も吸いとってくれる。

●鍋やフライパンの大きさにフィットする落としぶたに

アクとりに便利なキッチンペーパーは、落としぶたとしても使える。なんといっても鍋やフライパンの大きさに合わせてサイズを変えられるから、使い勝手がいいし、煮物の煮くずれ防止などにも効果テキメンだ。

煮立った鍋に入れて浮き上がらないところもグッド。

●野菜の水切りと保存

吸水性にすぐれていると同時に水に溶けにくいキッチンペーパーは、レタスやキュウリなどサラダに使う野菜の水切りに便利だ。サッと水気を切った野菜をペーパーに包んで、勢いよく振る。余分な水分が吸収されて、野菜もシャキッとする。

また、こんな保存法にも。丸のままのキャベツの芯をくりぬき、水に濡らしたペーパーを詰めておくと、ふだんの何倍も長持ちする。

オーブンシート

●かき揚げをきれいに揚げるコツ

オーブンシートはお菓子づくりの必需品だが、意外な活躍場所がある。それは、天ぷらを揚げるとき。油に入れたときにバラバラになりがちな、かき揚げのタネを、手頃な大きさにカットしたオーブンシートにのせて揚げるのだ。タネの水分が抜けて表面が固まると、シートは自然に離れるし、かき揚げも形良くまとまってカラリと揚げられる。

値段もお手頃。くり返し使えるのもうれしい。

●フライパン料理で徹底活用

熱に強い性質でオーブン料理に大活躍のオーブンシートは、フライパンや鍋料理にも徹底活用できる。

熱したフッ素樹脂加工のフライパンにシートをしいて焼けば、焦げやすい魚の味噌漬けや照り焼きも、焦げつかず、きれいに仕上がる。

普通の焼き魚やギョウザでも試してみて。皮の底にほどよくついた焦げ目が食欲をそそるはず。

フライパンを焦がすことなく、また油を使わずに調理できるからカロリーダウンにもつながる。

アルミホイル

●クシャクシャにして、簡単皮むき器

クシャクシャっと丸めて広げたアルミホイルが、簡単皮むき器に早変わり。

たとえばゴボウやショウガなどは、包丁でこそぎ落とすのは面倒、かといってピーラーではちょっと皮が厚くむけてしまう。そんなとき、クシャクシャのアルミホイルで表面を軽くこするようにすると、きれいに薄く皮がむけるのでオススメ。流水の下でこすると、さらにきれいに。

●煮魚料理は、鍋の上下で大活躍

甘辛く煮含める煮魚料理には、鍋の上下でアルミホイルを活用しよう。

まずは、落としぶた代わりに。身が柔らかい魚には上からフワッとかぶせる。

そして、鍋底にも。鍋にアルミホイルをしいて魚を煮れば、焦げつくこともなく、煮上がったときにホイルごと魚をとり出せば、身がくずれることもない。数カ所に穴をあけてからしくと、煮魚がとり出しやすい。

●クシャクシャにして、水アカすっきり

落としぶたに利用したあとのアルミホイルも、捨てる前に再利用。クシャクシャにして丸めれば、水まわりの汚れおとしに威力を発揮する。

蛇口まわりについた白い頑固な水アカは、スポンジではまったく歯が立たない。水道水の中の金属イオンと石けんカスが結びついているため、取れにくくなっているのだ。

ところが、丸めたアルミホイルでこすると、ホイルの金属イオンが汚れを吸着し、白さが目立たなくなる。ガラストップコンロの落ちにくい汚れも、アルミホイルにペースト状

の重曹をつけてこすると、磨きあげたようにピカピカに。

鉄製のフライパンの焦げ付きやさび落としにも使えるが、シンクなどのステンレスには傷がついてしまうので使わないこと。

ラップ

●落としラップでだしとり

保温性に優れたラップの長所を利用して、簡単にだしをとる方法がある。

お湯を入れた鍋に煮干し（だしの材料）を入れ、表面に落としラップをしてからふたをして、ひと晩置いておくだけ。

ラップの保温効果でお湯が冷めにくいため、翌朝には、煮出したようなだし汁ができ上がっている。煮干しをとり出して温めれば、すぐに調理にとりかかれる。

味噌汁、煮物など、だしとりが必要な料理を手早くつくれる簡単テクだ。

●肉や魚の味噌漬けが簡単にできる

味のしみた肉や魚の味噌漬けは、自宅でも手軽にできる一品。ただし、漬け込むときに使う味噌の量が、意外と多いもの。残った味噌はもちろんほかの料理にも再利用できるけれど、肉や魚の生臭いにおいが移って使いにくいことも事実だ。

でも、ラップを使えば、最小限の味噌で漬けることができる。

みりんかお酒でのばした味噌を食材に薄くぬり、これをラップで包む。ジッパーつきの保存袋に入れて冷蔵庫で冷やしておけば、たった一晩でむらなく漬けこめる。

●パン生地をつくる作業台のラップがはがれにくくなるひと工夫

クッキーやタルト、パン、パスタなどをつくるときは、生地をのばす作業台が必要だ。小さいものならまな板、ちょっと大きなタルトやパスタなどは、キッチンテーブルを作業台にしている人も多いはず。

ラップで覆って使っている人も多いが、ここで、ひと工夫。まな板でもキッチンテーブルでも、そのままラップすると作業中にはがれてきてしまう。

これを防ぐコツは、ラップで覆う前に、かたく絞ったふきんでふいてからラップすること。もしくは、霧吹きで濡らしてからラップするのもいい。

水分のおかげでラップが作業台にぴったりはりつき、はがれにくくなる。

キッチンばさみ

●まな板いらずで後片づけもラクチン

食事の支度も、これ1本！　切ったり、割ったり、刻んだり。欧米ではすでに一般的だが、日本でも包丁がわりにキッチンばさみを使っている人は意外に多いのだ。

万能ネギやハム、ベーコンなども、鍋の上で使う分だけを直接カットして入れる。少量しか必要ないときは、キッチンばさみで十分だ。

海苔や昆布、するめ、春雨など乾物類も簡単に切れる。切りカスも少なくてすむから、後始末もラクチンだ。

●エビの下ごしらえに大活躍

たとえば、殻の固いカニやエビの下ごしらえには、キッチンばさみがとても重宝する。包丁を使うよりずっと手早くできるはず。

エビをフライや天ぷらにするときは、油ハネを防ぐために尾の先を切って、中の水を出す下ごしらえが必要だ。包丁でしようとすると、これがなかなかクセモノ。でも、キッチンばさみならチョキチョキ、お手の物。殻むきや背ワタの処理にも、はさみの刃先を使えばスッととれる。

●包丁よりカンタンな小魚の下処理

小ぶりなアジやキスなどの小魚の下ごしらえも、初心者には包丁よりキッチンばさみのほうが安全だ。

頭をザックリ切り落とし、切り口から腹に向けて切れ目を入れてワタをかき出す。まな板に移るにおいを気にすることもなく、汚れることもないから、洗い物が少なくてすむ。

ピーラー

●野菜の下ごしらえをスピードアップ

野菜の下ごしらえの時間短縮には、ピーラーが大活躍。

かたくて細いゴボウのささがきは、まな板の上でゴボウを転がしながらピーラーで削っていく。包丁より薄くスライスできるので、火の通りも早い。

キャベツの千切りも、切り口にピーラーを当てて、スッスッと削っていくだけ。包丁使いに自信がない人には、こちらが便利だ。

まな板や包丁を使わなくても、野菜メニューがスピーディーにつくれる。

●野菜の千切りがラクになる合わせワザ

大根やニンジン、キュウリの千切りにも最適だ。

かたくて包丁が入りにくいニンジンも、ピーラーのほうが薄く手早く切れる。ピーラーで薄切りしたものを何枚か重ねて包丁で細く刻んでいけば、見た目もキレイにすばやく千切り完成。

カトラリー(フォーク・ナイフ・スプーン類)

●フォークで長ネギのみじん切り

長ネギのみじん切りを手早くつくる裏ワザは、フォークを使うこと。最初に、フォークの先で、長ネギを縦に細く裂いておく。そのあと包丁で小口に切っていけば、細かなみじん切りがあっという間にでき上がり。

●スプーン1本で吹きこぼれを防ぐ

牛乳を鍋で温めているとき、突然泡立って吹きこぼれてしまうことがある。箸でひっきりなしにかき混ぜていれば暴発を防げるけれど、それも面倒。ところが、スプーン1本を入れておけば、これが簡単に防げるのだ。

吹きこぼれは、鍋の中心の液体が温められて上昇し、周りから沈みこむ対流現象のために起きる。中心から外側へ液体が対流して吹きこぼれやすくなるのだ。

そこへスプーンを入れると、対流が外から内へと変わる役目を果たし、吹きこぼれを防いでくれるというわけ。これは、パスタや麺をゆでるときも同じ原理だ。

電子レンジで温めるときも、カップにスプーン1本を入れてチンすれば、スプーンが蒸気を逃がす役割を果たして吹きこぼれない。

菜箸

●同じものを揃えて買う

菜箸は軽くて滑りにくい竹製がいい。買ったときにひもつきになっているものは、頭のひもを切ったほうが扱いやすい。

菜箸は使っているうちに、箸先が折れたり黒くなったりすることが多いもの。同じ種類・絵柄のものを買っておくのが、賢い方法だ。そうすれば、1本がダメになっても、ほかの箸と組み合わせて使える。

●土鍋で本格ナンづくり

モチモチ食感のナンが、家庭でできるなんて！

材料は、強力粉と薄力粉、ベーキングパウダーに塩少々。粉類をふるいにかけてボウルに入れ、水を少しずつ加えながらよくこねる。こねあがったら濡れふきんをかぶせて30分ほど寝かせたあと、生地を適当な大きさに分けて打ち粉をしながら麺棒で伸ばす。

ここからがポイント。まず土鍋は中火で2～3分、熱しておく。鍋肌にオリーブオイルをぬってナンをはりつけ、弱火で3～5分ほど焼く。フタはしない。一度ひっくり返して、さらに2分。外側カリッ、内側モチモチのこんがり焼きたてナンが完成だ。

●土鍋に野菜をしきつめて、ヘルシーな蒸し料理

わざわざ蒸し器を使わなくても、簡単に蒸し豚や蒸し魚をつくる裏ワザがある。

セロリやタマネギなどの香味野菜を多めに切って、土鍋の底にしき詰める。お酒少々を

ふった豚肉をのせ、フタをしてから最初は中火で2～3分、あとは弱火で加熱する。お酒と野菜の水分が出て、ほどよく蒸し焼き状態に。

魚を使うときは、先に塩をふっておき、蒸すときに酒と一緒にしょう油も少々加えるとおいしく食べられる。

油を一切使わずに、簡単手間入らずで野菜もたくさん摂れるヘルシーメニューだ。お好みのたれで、召し上がれ。

●中華鍋で自家製燻製づくり

燻製というとなんだか敷居が高くて、料理上手でなければムリと思ってしまうけれど、じつは初心者でも簡単にチャレンジできる料理なのだ。

スモークチップ以外は、道具もふだん家庭にあるもので大丈夫。

まず、中華鍋の底をアルミホイルで敷きつめ、フタ（ステンレスのボウルでもOK）をアルミホイルか濡れぶきんで覆う。スモークチップひと握りとザラメ大さじ1を加えて火をつける。ザラメは照りを出すためだ。

煙が出てきたら鍋の真ん中ほどで止まる大きさの網をおいてチーズや肉などの食材を並

べ、フタをしてスモークする。食材の種類と量によってスモークする時間は変わるので、様子を見ながら調節することが必要だ。ただし、途中で裏返して食材の両面にしっかり煙をかけること。

この方法なら、家庭でも失敗なくおいしい燻製がつくれる。

●鉄の鍋やフライパンで貧血予防

貧血解消に効果的な食材としては、鉄分が多いホウレン草、レバー、あさりなどが有名だ。こうした食材をふだんからできるだけ食べるようにすればいいのだが、鉄の鍋やフライパンで料理をすれば、もっとお手軽かつ有効に鉄分摂取ができる。

というのは、鉄鍋から調理中の煮汁に微量の鉄分が溶け出すからだ。しかも、食品由来の鉄分がなかなか体内に吸収されにくい性質があるのに対して、鍋から溶け出した鉄分は吸収率が高い。

従って、シチュー、カレー、ロールキャベツなど長時間煮込むほど味がよくなる煮込み料理は、鉄鍋でつくるのがおすすめだ。

また、鉄は酸性の調味料に反応すると、より溶け出しやすくなるので、調理の際に酢やケチャップなどを隠し味に使うとよい。

フライパン

●フライパンが蒸し器に早変わり！

準備するのは、深さのあるフタつきフライパンとアルミホイルだけ。

まず、アルミホイルをクシャクシャッと直径2〜3センチほどに丸めたものを3つつくって、蒸し台の足代わりにフライパンの中に置く。その上に、材料を並べた皿か網をのせて安定させ、水を注いでフタをしたら、あとは火をつけるだけ。

最初は中火で。沸騰してきたら、空焚きにならないように注意しながら、弱火で加熱したまま蒸しあげる。

深めのフタつき鍋を使うなら、茶碗やぐい飲みを蒸し台代わりに逆さにおく方法もある。

●プロが焼く、フライパンの焼き魚

魚料理の達人が使うワザがこれ。

よく油焼きされたフライパンに少量の油を入れ、よく水気をふきとった魚の皮のほうを下にしておく。達人は、ここまで火をつけずに行う。

魚の下全体に油がついたことを確認してから、超弱火で焼いていく。皮が固まってくるまではじっと我慢して、パチパチと焼ける音がしてきたところで、中火くらいに強めて皮をこんがりさせる。

強火にして魚をひっくり返し、身に焼き色がついたらすぐに火をとめて、1〜3分ほどそのままおけばでき上がり。

●鉄のフライパンでトーストを焼く

鉄のフライパンにオーブンシートを組み合わせれば、トーストやおもちも焼ける。オーブンシートの上に食パンをのせ、ふたをして強火で片面1〜1分半。おもちも同様に焼ける。

しょう油だれの焼きおにぎりも、こんがり焼き目がついておいしさ倍増。

魚焼きグリル

●裏ワザ衣でヘルシーフライ！

パン粉にサラダ油を混ぜるのが、ポイントだ。

パン粉1カップに対して大さじ6ぐらいを目安にする。それ以外は、普通のフライと同じで、小麦粉と卵をつけ、サラダ油入りパン粉をつけてから、グリルで焼く。このとき、事前に加熱して温めておくことを忘れずに！

油を衣が吸う量はずっと少なくすむので、ダイエット派にはうれしいヘルシーフライができる。

●家庭でつくる石釜焼きふう本格ピザ

直火で高温になる魚焼きグリルは、コンパクトな大きさの庫内が、じつはピザ窯に近い構造といえる。なにより余熱の時間が少なくてすみ、オーブンより立ち上がりが早いため、ピザがあっという間に焼き上がる。

方法もお手軽だ。市販のピザ生地をグリルに合わせてカットする。アルミホイルを2枚重ねてオリーブオイルをぬり、ピザ生地をのせて強火で十分に余熱しておいたグリルで焼く。こんがり焼き目がついてきたら、ひっくり返してトマトソースや好みの具材をのせ、グリルに戻して再び中火で焼く。

生地からつくって冷凍しておけば、いつでも家庭で本格ピザが食べられる。

●ついでにつくるゆで卵

お鍋がなくても、ゆで卵や半熟卵ができる㊙テクを教えよう。

答えはなんと、魚焼きグリル。㊙テクのポイントは4つある。

①卵は早めに冷蔵庫から出して室温に戻しておく。②水にぬらしたキッチンペーパーで卵を包み、③さらにアルミホイルで包んだあと、グリルへ。④ペーパーとホイルはほぼ均等な厚さに巻いて焼く。卵をまんべんなく加熱するためだ。

強火で加熱時間は5~6分、卵をひっくり返してさらに6分。魚や肉などを焼くすき間でつくれるから、忙しい朝にはぴったりだ。

●油きりパットに代用

揚げ物をするときは油きりパットが不可欠、という思い込みは捨てよう。グリルを引き出して、網の上にキッチンペーパーを敷けば、油きりパットに即変身！揚げ物をお皿に移したあと、使ったキッチンペーパーで網をふいておけば、汚れも落ちてピカピカに。

炊飯器でつくる美味裏ワザ

●炊飯器に生の卵を入れてふっくら炒り卵ご飯

炊きあがったご飯に直接、溶いた生卵を回しかけ、約10分ほど蒸らすという荒技。ご飯の余熱で、ふんわり炒り卵ができてしまう。サケフレークや焼きたらこ、ふりかけなどをさっくり混ぜ合わせれば、見た目にもおいしそうな混ぜご飯ができあがり。

だれでもつくれるシワなしふっくら黒豆

おせち料理に欠かせない黒豆は、手間がかかって、難度も高いレシピのひとつ。でも、炊飯器を使えば、だれでも失敗せず上手につくれるのだ。

黒豆をたっぷりの水でひと晩、浸しておく。豆が十分に水を吸収したところで、つけ汁ごと鍋にかけて沸騰させる。ひと煮立ちしたら、そのまま汁ごと炊飯器に移し替えて保温スイッチを入れたまま、ひと晩置いておく。

翌朝、豆がすっかり柔らかくなったところで、ザルにあけて汁気を切り、炊飯器にもどして味つけだ。砂糖、しょう油、塩などお好みで調味料を加えて再び保温にして、3〜4時間。

この手順を守れば、だれでもシワのないふっくらした黒豆づくりに成功する。

おでんにポトフ、シチューだってつくれちゃう！

電気炊飯器は、一定の温度で保温する機能がついている。これが、ご飯だけでなく、煮物料理にも便利なのだ。

おでんや、ポトフ、シチューなど、つくり方は普段と同じ。鍋に材料や調味料を入れてひと煮立ちさせる。このあと、炊飯器に移し替えて保温スイッチを入れる。3～4時間、そのまま置いておくだけでおいしい煮物料理ができ上がる。

じゃがいもやニンジンなど煮えにくい野菜もほっこり柔らかくなるし、おでんも具材にしっかり味がしみこむ。ただし、はんぺんなどの練り製品は、食べる少し前に加えたほうがおいしい。

最大のメリットは、鍋にずっとついていなくてもいいこと。外出前に用意しておけば、火の心配をせずに夕食の準備ができる。時間がないときにはうってつけの活用術だ。

●とろとろ温泉卵を家庭でつくる

半熟のとろとろ温泉卵も、炊飯器でつくれる。

炊飯器の中に、約80度のお湯を入れ、塩少々と卵を入れる。保温スイッチを入れて約25分で、でき上がり。

卵を買いすぎたとき、小腹がすいたときにも、簡単便利。

スープジャー

●アツアツスープを持ち運びできる

裏ワザというよりは、超便利な快適アイテム。温かいスープを密閉した状態で保温して、持ち運びができるスープジャーだ。

ステンレス製の真空ボトルで、いわば広口タイプの魔法瓶。材料を入れておけば、高い保温効果によって野菜たっぷりポトフや野菜スープもできてしまうのだ。

ジャーの中に食材を入れて熱湯を注ぎ、1分したらお湯を捨てる。ふたたび熱湯と調味料を加え、3時間そのままに。朝、素材を入れておけば、お昼のタイミングにちょうどいい食べごろになる。2度目のお湯は、グツグツ沸騰させて入れるのがコツ。

もちろん手づくりのシチューやポタージュを入れて、外出先でアツアツランチにすることも。便利な用途がたくさんあるので、レシピの種類も広がりそう。

電子レンジ

●野菜の下ごしらえもスピーディーに

電子レンジの得意ワザといえば、下ごしらえ。スピーディーに調理できる時短テクは最大限に使いたい。

カレーやシチューの大きめ野菜も、洗ってぬれたまま並べてラップを軽くかけ、約3分の加熱で柔らかくなる。そのあとで煮込めば加熱時間も短くスピードアップ。

柔らかくなるまで時間がかかる大根やニンジン、ゴボウなどの根菜は、メニューに合わせてカットしたら、ラップで包んで加熱する。下ゆでするより、はるかに調理時間を短縮できる。

●野菜の皮をむきやすくする

面倒な皮むきも、レンジにおまかせ。

包丁を使うとぬめりが厄介な里芋は、洗って濡れたままお皿に並べてラップをかけて加熱すると、指でこするだけで皮がつるっとむける。じつは栄養の宝庫であるぬめりも、そのまま残ってヘルシー。

意外に手間のかかるトマトの湯むきも簡単。軽く十字の切り込みを入れ、ラップでくるんでレンジへ。最初に30秒、裏返してさらに30秒。そのあと、冷水にさらせば、切れ目から薄皮をはぐようにきれいにむける。

ニンニクもレンジで数秒加熱してから調理すると、薄皮がむきやすくなり、ほとんど臭わない。

●火の通りが早くなる、揚げ物の下ごしらえ

揚げ物をするときは、素材に衣をつけるまえに2～3分レンジで加熱すると、揚げたときに火の通りが早くなる。

冷凍のコロッケやメンチカツ、エビフライなどは、そのまま揚げると油がはねて危ないことも。揚げる前に、ラップをせずにレンジで軽く加熱すると、表面の水分が蒸発して、油ハネを防げる。もちろん、揚げる時間も短縮できる。

●こんにゃくやしらたきのアク抜きに

湯がいてアクぬきが必要な食材も、レンジで下ごしらえしたほうがおいしくなる。

ちぎったこんにゃくをひたひたの水と一緒に容器に入れて、ふんわりラップしたままレンジへ。加熱すると、細胞の浸透膜が壊れて、中の水分と同時にアクも外に出てくる。加熱後は、ザルにあけて水気を切っておく。

レンジでアクぬきすると、臭みが抜けるだけでなく歯ごたえも出てくるからフシギだ。

しらたきも同様にして、アク抜きをする。

●大根おろしが甘くなる

辛〜い大根おろしは、ラップをかけて軽く加熱してみて。辛味がとんで甘さが強くなる。

●レンジの加熱効果を高める賢い工夫①

レンジの熱源である電磁波は、じつは真ん中部分がいちばん当たりにくい場所。耐熱皿に食材を並べるときは、周辺部やドーナツ状に並べるのが基本だ。

また、電磁波には、とがった部分や細い部分から先に加熱する性質がある。これを利用して賢く工夫するのが、料理上手というもの。

ムラなく熱を通すには、野菜の下ごしらえも、輪切りにするより乱切りにするほうが早くできる。かたいものとやわらかいものを一緒に調理するときは、かたいものを細めに切っておけば熱を通しやすい。

コンロとは反対に、レンジは上から加熱するから、容器の上の部分に火の通りにくいもの、下の部分に火の通りやすいものをおいて一緒に加熱すれば、加熱ムラが少なくなる。

●レンジの加熱効果を高める賢い工夫②

電磁波が当たる場所をたくさんつくってあげることも、大切なポイントだ。

ターンテーブルに割り箸を並べた上に耐熱皿を置いたり、〝すのこ〟つきのレンジ容器を使えば、食材の下にできたすき間からも、電磁波が当たる。上からだけでなく、下からも加熱できるので、ムラ防止に有効だ。

調理時間をさらに短くするには、途中で食材を混ぜることもスピードアップのひと手間だ。加熱時間を短めにして、途中で容器の中のものを混ぜたり、配置場所を変えたりして確認していけば、加熱のしすぎで失敗することもなくなる。

●殻つきのぎんなんもレンジでチン！

茶碗蒸しにちょっと入れたいぎんなんは、封筒を使った裏ワザで。

ごく普通の封筒に殻つきのぎんなんを入れ、封筒の口を二つ折りにしてレンジで約1分加熱する。封筒の中で、から煎りされたぎんなんの殻がポンポンはじけ飛ぶ。

音がやんで静かになったら、封筒の中を確認。加熱後すぐにとり出すと、ぎんなんが弾け飛ぶ恐れがあるので、扉を開けるのはしばらく待ってから。

●カロリーオフのカリカリメニュー

脂の多いバラ肉やベーコンも、レンジを使えばカリッと仕上がる。

耐熱皿にキッチンペーパーを敷き、食材が重ならないように並べてラップなしで加熱するだけ。浮き出た余分な脂肪をふきとれば、カリカリになる。

同様に、油揚げの油抜きも水で濡らしたキッチンペーパーの上に並べて加熱する。熱湯を使うよりふっくらするので、油抜きはレンジにおまかせ！

また、さいの目切りにした食パンをペーパーの上で加熱すると、レンジ製のクルトンができる。油で揚げていないので、スープに入れたときにも油が浮かんでこない。

●失敗しないホワイトソースづくり

料理上手を目指すなら、ホワイトソースも自前で準備したいもの。ところが、これがなかなかに難しい。ダマになったり、焦がしたり。

電子レンジを使った簡単ホワイトソースなら、5分でつくれて、99%失敗なし。

①大きめの耐熱容器で加熱して溶かしたバターに薄力粉を茶こしでふりいれ、スプーンで練り上げる。

②温めた牛乳を少しずつ加えながら、小さな泡立て器でかき混ぜてのばしていく。このとき、泡立てすぎないように。

③ラップをふんわりかけてレンジで1分ほど加熱したら取り出して、さらに泡立て器でかき混ぜる。

④この作業を2~3回くり返す。

均一にとろりとなったところで、お好みで塩、こしょう、レモン汁など調味料を加えて混ぜれば、クリーミーなホワイトソースのでき上がり。

●レンジでつくるトマトソース

パスタやドリアなどさまざまなメニューで利用できるトマトソースも、レンジを使えばすばやくつくれる。

まず、ニンニク少々とたまねぎ1／4をすりおろし、耐熱容器にオリーブオイル少々を加えて混ぜ合わせ、ラップをかけて約1分加熱する。

そこに、トマトのホール缶1缶とピューレを加えてつぶす。塩、コショウ、お好みでローリエなどのハーブを1枚入れてよく混ぜ合わせ、再びラップをかけて約7分加熱する。

その後、一度取り出して全体をかき混ぜ、ラップをふんわりかけて約3分加熱すれば、完成だ。酸味が強いと感じたら、砂糖を少々加えて味を調える。

●冷蔵庫の奥に眠る佃煮やジャムを長持ちさせる

開封はしたものの、いつのまにか冷蔵庫の奥へ押しやられ、存在を忘れてしまうビン詰めの佃煮やジャム。気がつけば、表面にカビが生えていたことも一度や二度ではない。

そうなる前にひと工夫。一度フタを開けたら、ラップをかけてレンジで加熱しておけば、風味を損なわずに長持ちさせることができる。加熱したときにふたをしたラップがふくれてきたらＯＫだ。

たくさん残っていたら、途中でかき混ぜると、加熱ムラを防ぐことができる。

●レンジで本格ぬか漬け

おいしいぬか漬けを食べたいけれど、毎日ぬか床を混ぜるのは大変。でも、電子レンジならば、ぬか床を管理する手間なくして、たった1時間でぬか漬けが食べられる。

つくり方は、こうだ。市販のぬかに、昆布、塩、水を入れて混ぜる。キュウリや大根などお好みの食材に塩をふり、先につくっておいたぬかをまぶしてラップに包み、レンジで1分加熱する。そのまま30分~1時間ほどおいておき、水でぬかを洗い落とすだけ。

いろいろな野菜を食べたいなら、同様の手順で耐熱皿にぬかをまぶした食材を入れてラップをかけ、加熱してもいい。味つけは、ヨーグルトやビール、赤唐辛子（たかのつめ）などを混ぜてお好みで工夫しよう。

オーブントースター

●蒸し器がなくてもできる、カンタン茶碗蒸し

オーブントースターは、食材を上下から加熱する優れもの。ところがもったいないことに、パンやお餅を焼く程度で、意外に使いこなされていない調理器具なのだ。

じつは茶碗蒸しだって、オーブントースターでつくれてしまう。卵、だし汁、しょう油、みりん、塩を適量ずつボウルにいれて混ぜあわせる。耐熱容器にかまぼこやぎんなんなどお好みの具材を入れて、卵の溶き汁を流しいれる。

オーブントースターで8〜10分ほど加熱し、そのまま5〜6分蒸らせば大丈夫。ふたを開けて串をさしたときに、透明な汁が上がってきたら、火が通っている証拠。

●鍋を使わずにゆで卵をつくる

卵をアルミホイルでしっかり包み、7〜15分加熱するだけでゆで卵に。鍋でお湯をわかす手間も要らないし、パンと一緒に焼けば、朝食の準備も時間短縮できる。忙しい朝のお

弁当つくりにも大助かり。

ポリ袋

●野菜の水切りに重宝

大根の千切りや小口切りにしたキュウリなど、パリッと水切りしたいときは、流しの三角コーナーなどで使う穴空きポリ袋が便利だ。切った食材を袋に入れたまま水に浸し、水切りするときは、袋ごと引き上げてぎゅっと絞るだけ。

●たたきゴボウはポリ袋に入れて叩く

たたきゴボウや、キュウリの浅漬けをつくるときは、ポリ袋に食材を入れたまま、その上からすりこぎで叩く。

食材から飛び散る汁でまわりが汚れることもなく、すりこぎも水で洗うだけ。

キュウリを叩いたあとは、袋の中に塩や調味料を入れて軽くもみ、冷蔵庫でしばらく置けば、簡単浅漬けができ上がる。ボウルに入れて手で混ぜるより、格段にラクチンだ。

●ポリ袋でつくる簡単から揚げ

ポリ袋に鶏肉、から揚げの素、片栗粉を入れてよく混ぜ合わせるだけ。真空状態にして袋を閉じ、沸騰したお湯で袋のまま約15分加熱するだけで、やわらかでおいしいから揚げができ上がる。

おいしさの秘密は、袋の中の空気を抜いて真空状態にすること。病院食などで広く活用されている「真空調理法」を、家庭用にアレンジしたものだが、真空状態にすることで、食材のうま味を逃さず、調味料もしみやすい。

なにより油を使わずにできる低カロリー料理だから、調理法をマスターすればダイエットの強い味方になる。

リサイクルでエコ活用編

牛乳パック

●開いて乾かし、まな板汚れ知らず

牛乳パックのもっとも基本的なリサイクル利用法といえば、これ。

きれいに洗って乾かし、はさみで切ってから広げてまな板代わりに利用する方法だ。魚や肉料理などの下ごしらえで使えば、まな板を洗うこともなく、におい移りも防げる。

また、フライや揚げ物をするときの、油きりにも重宝だ。

●牛乳パックでホットドッグ焼き

わざわざ平たくしなくても、箱形のまま使う方法もいろいろある。

まずは、野外のバーベキューなどで、コンロや電気を使わずに牛乳パックでホットドッ

グをつくる方法。

ホットドッグ用のパンにソーセージやキャベツをはさみ、2枚重ねのアルミホイルで包む。これを牛乳パックに入れ、底の部分が高くなるようにして石の上に乗せ、下の開口部から火をつけて、パックが燃え尽きればでき上がり。

●冷蔵庫の野菜立てに活用

細長い野菜を入れて冷蔵保存するときに役立つ。

キュウリや長ネギ、ホウレン草などは、立てた状態で保存すると長持ちする。牛乳パックに入れて立てておけば、冷蔵庫の中もスッキリ！

●使い終わった廃油を入れて、そのままゴミに

牛乳パックの内部はコーティングされているので、油分を通さない。

その特徴を利用すれば、揚げ物で使い終わった廃油の処分にも活用できる。パックの中に、新聞紙やキッチンペーパーを詰めて、冷ました廃油を注ぐ。開口部をガムテープなどでしっかり閉じて、可燃ゴミの回収日に捨てればいい。

●カレーやシチューの冷凍保存容器に代用

カレーやシチューなどを冷凍保存するとき、タッパーやジッパー付き保存袋を使っている人が多いけれど、においや色が移ってしまうのが困りもの。

そこで、牛乳パックの再利用だ。

よく洗ったパックに残りもののカレーやシチューを入れて冷凍保存する。解凍するときは、パックをハサミで切って移し替えたあと、温めるだけ。使い終わったパックは、そのままゴミ箱へポイ。

ペットボトル

●即席ドレッシングメーカーになる優れもの

お気に入りの自家製ドレッシングも、目分量に頼ると、つくるたびに微妙に味が違ってしまうのでは？　ドレッシングメーカーの代わりにペットボトルを使う、ワザありの方法を伝授しよう。

よく洗ったペットボトル容器に、50ミリリットルずつの目盛りをマジックで書き入れるのがミソ。サラダオイルや酢など、必要な調味料をレシピの分量に従って入れていく。塩、砂糖などは大さじ○と書き加えて、あとはしっかりシェイクするだけ。

いつでもだれでも同じ味でつくれる優れワザだ。フレンチや中華、和風など使い分けて、つくり置きしておく。

●ご飯の型抜きに再利用

チャーハンやチキンライスの型抜きにリサイクルしよう。

ペットボトルの底の部分は、よく見ると、いろいろな形に加工されている。真ん中にくぼみがあるタイプは、カレーやロコモコ（白飯の上にハンバーグと目玉焼きをのせ、ソースをかけたハワイの料理）用に使ってもオシャレだ。

つくり方は簡単。底から5～10センチほどの高さに切る。鋭い切り口は危ないので、ビニールテープなどでカバーする。切り口で手を切らないように、軍手をはめて作業するといい。

キッチングッズのお手入れ編

まな板

●使用前、使用後は水で洗い流す

毎日使うまな板。基本的には、木製もプラスチック製も、よく洗って乾かすこと。料理をはじめる前に、まな板全体を水で濡らすだけで、においや汚れがつきにくくなる。

においやぬめりが気になるときは塩をふりかけて、たわしでこすってから水洗いすればいい。それでもにおいが残っているときは、絞ったあとのレモンで円を描くようにこすると、スッキリする。

とりわけ、肉や魚、生ものを調理したあとのまな板を、お湯で洗い流すのは絶対ダメ。肉や魚のタンパク質が加熱されると、よけいに落ちにくくなり、逆効果だ。

●ビニール袋に入れてふきんと一緒に漂白

使うたびにきちんと手入れをしていても、汚れは残ってしまうもの。定期的に漂白するとき、まな板が丸ごと入るほどの大きめのビニール袋を使うと便利だ。

まな板がひたひた浸かるほどの水に、漂白剤を薄めて加え、できるだけ空気を抜いて袋の口を閉じる。洗いおけより少ない水の量ですむので節約になる。このとき、まな板をふきんでくるんで一緒に漂白してしまおう。

包丁・キッチンばさみ

●切れない包丁は陶器の糸底で研ぐ

切れ味が悪い包丁は、調理のスピードアップを邪魔するだけでなく手元も危ない。簡易とぎ器がない場合は、身近な食器で代用する。

切りにくいと感じたら、陶器の茶碗やお皿を裏返して包丁の刃を糸底に対して約45度に傾け、一方向にシュッシュッと滑らせる。その場しのぎの応急処置だが、一時的に切れ味が戻る。

お皿を使うときは、滑らないように濡れぶきんを敷いて行う。

●大根の切れ端やコルク栓で磨く

包丁を使ったあとはすぐに汚れを洗い落とし、乾いたふきんで十分に水気をふきとったあと、刃を下にして立てて収納する。

包丁の汚れやサビ落としに役立つ意外なものは、大根の切れ端やワインのコルク栓。水で濡らした包丁にクレンザーをつけて表面をこすると、きれいになる。

切れ味を戻す〝研ぎ〟とは違うが、きれいにする手入れとしては有効な方法だ。

●お餅は大根と交互に切る

お正月ののし餅を切るとき、包丁が餅にくっついて困った経験はだれにでもあるはず。

こんなときは交互に大根を切りながら使うと、お餅がくっつかない。大根のアミラーゼと水分が包丁について、滑りやすくなるためだ。

●切れ味、復活

切れ味が悪い包丁やキッチンばさみも、アルミホイルを折り重ねて何回か切っていると、切れ味が戻ってくる。取り急ぎの対応に役立つちょいワザ。

アルミホイルに重曹やクレンザーをつけて磨いてもOKだ。

●キッチンばさみの手入れ

キッチンばさみは水に比較的強いとはいっても、酸や塩分の付着には注意が必要だ。

台所用洗剤をスポンジにつけて洗ったあと、ペーパータオルなどで水気をしっかりふきとり、乾燥させる。とくに、肉や魚などを切ったあとは、かみ合わせ部分を念入りに洗う。

鍋の手入れ

●焦げつきはタマネギの皮を入れて沸騰させてとる

煮物料理などで焦げついてしまった鍋をスチールたわしでごしごし磨いたら、鍋を傷つけてしまう。そんなときは、タマネギの茶色い皮と水を鍋に入れて、沸騰させるといい。たわしでこするより、簡単に落ちる。

また、米のとぎ汁を入れて、ひと晩待つのもグッドアイデア。米ぬかに含まれているタンパク質が汚れを落としやすくしてくれるからだ。翌朝スポンジでこすれば、きれいに汚れがとれる。

肉料理を焦がして鍋肌に肉がへばりついてしまったら、鍋ごと濡れたふきんの上に置いてひと休みさせる。冷めるに従って、こびりついた肉がはがれてくる。

●アルミ鍋の黒ずみは、リンゴできれいに

毎日、きれいに洗っていてもいつのまにか黒ずんでくるアルミ鍋。

この黒ずみは、普通の台所用洗剤ではなかなか落ちてくれない。そんなときの裏ワザに使うのが、リンゴ。食べ終わったあとの皮を煮詰めるだけで、あっという間にきれいになる。リンゴから出る酸が、黒ずみを溶かしてくれるからだ。

絞り終わったあとのレモンの薄切りを入れて沸騰させ、弱火で30分ほど煮詰めても同じ効果がある。

●ホーロー鍋のこびりつきは天日干しでとる

保温性に優れるホーロー鍋も、焦げつきは厄介だ。温度変化に弱いので、慌てて水を入れて急激に冷ますと、かえって鍋を傷めてしまう。

スチールたわしやクレンザーも、表面を傷つけるので使ってはダメ。ホーローがはげ落ちると、鉄が露出してサビつく原因になる。

ゆっくりお湯でふやかしても落ちないこびりつきは、水気を切って、2～3日天日干しにすると、カラカラに乾いてはがれる。

●土鍋のひびは牛乳粥で修復

土鍋は使いはじめの手入れが肝心だ。最初に米のとぎ汁を入れて沸騰させ、表面に膜をつくっておくと長持ちする。

それでも小さなひび割れができてしまったら、牛乳粥を炊いてみるといい。牛乳のタンパク質が接着剤代わりになって、細かなキズを埋めてくれる。米のでんぷん質も長時間煮込むと糊状になり、同様の役目を果たしてくれる。

外側に水分がついたままの状態で火にかけるとヒビが入りやすくなるので、火にかける前に必ずふきんで水気をふきとること！

使い終わったあとは水に浸けっぱなしにせず、早めに洗って水気を十分切っておこう。

フライパンの手入れ

●軽い汚れなら、ミカンの皮でひとふき

調理後のフライパンを洗う前に、食べ終わったミカンの皮でシュッとひとふきしても、油汚れが落ちる。皮の白い部分が油分を吸着してくれるから。環境にやさしいエコワザだ。

●フッ素樹脂加工は、調理後、冷えてから汚れを洗い落とす

毎日よく使うフライパンだが、フッ素樹脂加工と鉄製では、手入れ法が違うことを覚えておこう。

フッ素樹脂加工のフライパンは、なにより表面のコーティングを守ることが大事だ。コーティングがはがれる原因となる強火炊きや空焚きは厳禁。調理後は、粗熱がとれるのを

待ってから、洗剤をつけたやわらかいスポンジでなでるように洗う。洗い終わったあと、乾かすために火にかけるのも禁物ワザだ。

ただ、きちんと手入れをしていても、表面は時間とともに傷がつく。基本的にフッ素加工のフライパンは消耗品と心得るべし。

●鉄製は毎回油ならしをして、調理後は弱火にかけて表面の水滴を乾かす

鉄製のフライパンの場合は毎回、使いはじめる前に鍋肌に油を回しかけてなじませることが重要だ。この作業を行うかどうかで、長持ち加減が違ってくる。

調理後は、まだ温かいうちにたわしで汚れを落とす。このとき、なじんだ油を取り除かないために、なるべく洗剤はつけないほうがいい。流水で洗い終えたあと、弱火にかけて水滴を乾かす。

ひどく汚れたり焦げついてしまったときは、強火にかけて煙が出なくなるまで汚れを焼き切る。炭化した汚れをヘラでこすり落としたら、もう一度強火にかけて空焚きする。最後にキッチンペーパーで表面に油をぬりこむ。

鉄製フライパンは、きちんと手入れをしておけば、数十年ずっと使い込むことができる。

●油汚れには、出がらしの麦茶ティーバッグ

出がらし状態の麦茶ティーバッグも、フライパンのお手入れに活躍する。軽く絞って、油汚れをふきとる。

フライパン以外にも、鍋や魚焼きグリルの汚れ落としにも使える小ワザだ。

ヤカンの汚れ落とし

●表面はレモン、内部の水アカは塩水と酢で落とす

油はねなどがついてしまったヤカンの表面は、熱いうちに汚れを落とすのが鉄則だ。塩をつけたレモンの切れ端でこすっても、効き目がある。

内部の水アカが気になるときは、濃いめの塩水に酢を2~3滴たらし、一度沸騰させたあとしばらくそのままにしておく。酢の酸が、水アカを落としてくれる。

●しつこいベタベタ油汚れはティッシュで洗剤湿布

毎日使うヤカンだからこそ、ほこりとともに油汚れがこびりついて、気がつけばベタベタに！　まずは、汚れが落ちやすくなる状態まで回復させることが先決だ。ホーローやステンレス製なら、洗剤入りのぬるま湯につけおきするか、ティッシュで洗剤湿布する。汚れがゆるんだところで、スポンジで黒い焦げつきを落とす。ただし、アルカリに弱いアルミ製の場合は、中性洗剤を使うこと。

魚焼きグリルのお掃除

●水溶き片栗粉を受け皿に入れる

水を入れるタイプなら、受け皿に水溶き片栗粉を混ぜておくと、後始末がカンタン。グリルが冷めたところで、片栗粉の成分がぺろんと固まったものを洗い流すか、そのままゴミ箱行きに！　汚れと一緒に、においも取れる。

●米のとぎ汁でもきれいになる

米のとぎ汁を受け皿に入れても効果的。とぎ汁に含まれているでんぷん質が、油汚れを落としやすくしてくれる。

●お茶殻で油汚れがスッキリ

お茶殻には、油を吸収しやすい効果がある。出がらしの麦茶や緑茶、紅茶の葉をグリルに入れて焼いてみてはいかが？　香ばしいにおいと、お茶の香りがふわ〜っと立って、魚独特の生臭いニオイも抑えてくれる。

もちろん、油汚れもスッキリ！

●コーヒーの出がらしで汚れが浮き上がる

焼き終わったあとのグリルを洗う前に、ドリップ後のコーヒーの出がらしをお湯と一緒に入れてひと晩そのままに。翌朝になると、魚のぬめりやギトギト油汚れが浮き出ているはず。

ぬるま湯でサッと洗い流すだけで、ぬめりもにおいもきれいに落ちる。

●ナスのヘタで網の汚れをこすり落とす

少々お手入れをさぼっただけで、グリルの網には魚や油の汚れがベットリ。こうなったら、なかなか汚れが取れなくて悲しくなる。

そんなときは、クシャクシャに丸めたアルミホイルで網を1本1本ゴシゴシこする。

意外な裏わざとしては、ナスのヘタが使える。やわらかいヘタは細い棒にしっかりくいこむので、予想以上にキレイになる。ナス料理をつくった日は、グリルも一緒に掃除してみて！

電子レンジのお手入れ

●絞ったふきんをチンして庫内をサッとふく

いろいろな食材の料理に使う電子レンジの庫内は、食品の汁が飛び散ってこびりついていたりして、気がつかないうちに案外汚れているもの。

簡単にお手入れするには、後片付けの最後にゆるめに絞ったふきんをレンジに入れて、30秒ほどチンする。少し時間をおいてから、手で触れるぐらいのほどよく熱いふきんで庫内をふいていく。

ふきんを温めたときに蒸気で汚れがゆるんでいるので、サッとふきとれる。

●コーヒー、お茶、レモン、ミカンで消臭効果

庫内のにおいが気になるときは、ドリップ後のコーヒーかすかお茶殻を耐熱皿に乗せて30秒～1分ほど加熱する。頑固なカレーや魚のにおいもとれて、爽やかな香りに。

レモンやミカンの皮でも同様の効果がある。柑橘系の清涼感あふれる香りで気分もフレッシュに。

食器洗いの裏ワザ

●ガラス食器はレモンと塩でピカピカに

日常使いのガラス食器や、カットが美しいクリスタルガラスも、白い薄膜がかかってくもってきたら興ざめだ。

汚れが気になるときは、レモンと塩で軽くこする。レモンには油や水アカを分解する働きがあり、塩は研磨剤代わりに。水ですすいだあと、乾いたふきんでふけばくもりがとれ

てピカピカになる。

ジャガイモの皮でも同様の効果がある。

●茶渋や歯磨き粉で落とす

急須や湯のみの茶渋も、手強い汚れ。

歯磨き粉をつけた歯ブラシでこすると、あらビックリ。あれほど頑固だった茶渋がみるみるうちに取れていく。

●食器洗いには重曹が効果的

毎日洗っているから汚れていないと思っている食器も、よくみれば細かな汚れがついているもの。時間に余裕があるときは、ペースト状にした重曹をつけて磨いてみる。しつこい茶渋はもちろん、シンクの水アカ、レンジのこびりついた油汚れもビックリするほどきれいに落ちていく。

重曹には、脱臭・吸湿効果もあり、排水溝のにおい消しにも効果がある。台所まわりのお掃除に欠かせない、必需品だ。

このひと技でプロの味
「料理のすごテク」

編著者　料理の達人倶楽部
発行者　真船美保子
発行所　KK ロングセラーズ
東京都新宿区高田馬場 2-1-2　〒 169-0075
電話 (03) 3204-5161(代)　振替 00120-7-145737
http://www.kklong.co.jp
印　刷　中央精版印刷(株)
製　本　(株)難波製本

落丁・乱丁はお取り替えいたします。
ISBN978-4-8454-5087-9 C2277
Printed In Japan 2019

本書は平成 26 年 7 月に弊社で出版した書籍を改題改訂したものです。